MANIFESTACIONES MÁGICAS DEL DINERO
UNA GUÍA PRÁCTICA Y ESPIRITUAL
PARA MANIFESTAR MÁS DINERO, MÁS LIBERTAD
Y MÁS ALEGRÍA

Editado por Maho Monroy

Publicado por Luci McMonagle

Luci McMonagle

Katy, Texas, Estados Unidos

Las imágenes de imagen están bajo Creative Commons CC0, la mayoría son de pxhere.com y pixabay.com. Los gráficos fueron creados para este libro por encargo de Luci McMonagle.

Primera adición en inglés

Segunda adición traducida al español

ISBN: 978-1-7343785-2-8

Dedicación

Un montón de gracias a Ms. Kitty, quién pasó muchas horas traduciendo este libro-de principio al fin-al español. Me gustaría agradecer Fox Beyer por sus contribuciones realizadas a la versión español también.

Primeramente le dedico este libro, con la más profunda gratitud, a mi familia. Sin ellos, este libro no hubiera sido posible. Una dedicación especial a mi hijo David, quien me ha dado la fuerza para romper el ciclo de pobreza y luchar por más. También me gustaría dedicar este libro a ustedes los lectores. Sin ustedes, no me sería posible alcanzar el mundo y juntos hacerlo un mejor lugar. Aprecio profundamente lo que han hecho y lo que harán para crear la vida que ustedes sientan es un éxito fenomenal.

Estoy profundamente agradecida por cada una de las personas que de alguna manera han tocado mi alma y mi corazón, ya que han hecho que este libro sea posible, al tomar parte en mis experiencias de vida. Hay tantos de ustedes que tendría que escribir otro libro para nombrarlos a todos. Mil gracias y abundantes bendiciones para con ustedes, por proveerme la información, el reconocimiento, el apoyo, la dedicación y, sobre todo, mis experiencias de vida.

Exclusión de Responsabilidad

La autora ha diseñado la información presentada como su opinión personal sobre el contenido. Como lector, es su responsabilidad hacer su propia investigación y debida diligencia para determinar si algún consejo es adecuado para sus circunstancias. Toda recomendación sugerida es una opinión. El consejo contenido en este libro puede no ser adecuado para usted o su situación. No es un sustituto para los consejos profesionales de un planificador financiero certificado, profesional de salud mental o cualquier otro campo profesional. Siempre debe usar el sentido común y su mejor juicio para determinar si algo es adecuado para usted o no. La autora no da consejos legales, financieros, de contable, de salud mental u otro tipo de consejo profesional. Ella no ofrece ninguna representación ni garantías, verbalmente ni por escrito, con respecto a sus ganancias o resultados. Solo usted es responsables de sus acciones y resultados en su vida y los negocios, sin ningún tipo de reclamo a la autora o este contenido. Las soluciones presentadas en este libro han funcionado para ella y los clientes a los cuales les ha prestado sus servicios. También puede que le funcionen a usted.

Este libro ha sido traducido al español para su beneficio. La autora no es bilingüe; solo habla inglés. Los bonos, regalos, ofertas, etc. disponible en la página web están incluidos en esta traducción para el beneficio de aquellas personas bilingües que hablen inglés. Su página web contiene la opción de "Select Language" para ser traducida al español por Google, pero cualquier comunicación con el autor necesita ser en inglés.

Conozca a la autora

Luci McMonagle es una oradora muy solicitada. Autora, Creadora de Riquezas Místicas y Mentora para emprendedores conscientes, espirituales y místicos que están listos para crear más libertad en sus negocios a través de la creación consciente de riquezas para poder tener un GRAN impacto en el mundo y dejar un legado. Luci es conocida por atraer milagros y magia a su público y a la vida de sus clientes, a través de técnicas simples y sabidurías antiguas. Luci está entrenada y capacitada en limpiezas del karma generacional y faculta a otros para dar saltos cuánticos en lo personal y profesionalmente.

Sus asombrosas habilidades para empoderar a los demás y ver dentro de las esferas de las posibilidades le han permitido convertirse en una poderosa líder y maestra. Ella es también presentadora de un programa digital de opinión titulado "Wealthy Wednesday" (Miércoles de Riquezas).

Su historia es una clásica "de trapos a riquezas". Ella transformó completamente su vida: de la pobreza de su infancia a una vida de abundancia, libertad y alegría.

Luci comenzó su primer negocio a la edad de veinticuatro años. Pero empezó a empoderar y ayudar a las personas desde que se convirtió en la ayudante de su querida abuela cuando tenía 9 años. Después de su primer negocio Luci entró en una empresa en conjunto y luego se convirtió en la Directora Ejecutiva para un centro de Atención Médica Domiciliaria. Ella ha trabajado en el mundo de los medios en un periódico y ha estado a cargo de la contabilidad de varias empresas.

Durante años, Luci ha estudiado las enseñanzas sobre la manifestación de riquezas y ha hecho un estudio profundo de las mentes que enseñan sobre la prosperidad. Ella es una pionera del movimiento financiero femenino en los Estados Unidos y ahora está expandiendo este movimiento globalmente.

Su único **propósito** es volver a evocar el camino femenino y la sabiduría antigua, para así empoderar a los empresarios místicos a tener vidas de libertad, desatados como realmente son, para que puedan difundir su magia mística al mundo y la humanidad alcance su mayor potencial. Su **Misión de Vida** es establecer paz en la tierra para que el amor reine, trayendo a la tierra las "verdades supremas" de vivir en armonía y en nuestro mayor potencial.

Este libro está diseñado para capacitarlo a dar los primeros pasos para atraer milagros a su vida.

Prefacio

Este libro está diseñado para activar su grandeza con la intuición y sabiduría divina.

Le resultará beneficioso utilizar un diario junto con este libro para obtener resultados óptimos.

Este libro está codificado con una secuencia de palabras de alta vibración y energía que pueden desencadenar estados de más claridad desde su interior.

Todas las imágenes presentadas en este libro fueron tomadas o creadas por o para el autor. Las fotos de la naturaleza no están editadas para que usted reciba la mayor vibración posible. Mientras vaya leyendo cada capítulo, puede que sienta una sensación de movimiento que no pueda de explicar. Esto es normal. Puede experimentar emociones y sentimientos que aparecen sin motivo aparente. Permita que los sentimientos salgan a la superficie para que pueda dejarlos ir. Comience a prestar atención a su vida, su mundo y a las influencias a su alrededor. Tome en cuenta que cuando parece que algo se está rompiendo en pedazos, es en realidad una señal de que todo está comenzando a encajar en su lugar para su mayor beneficio. Lo que pueda parecerle como un caos es una forma de orden divino que está ocurriendo en su vida. Apresurarse a leer este libro no le beneficiará en su totalidad. Si decide adelantarse, por favor asegúrese de volver al principio y leerlo en secuencia, o puede experimentar resultados distorsionados. Tómese su tiempo para explorar este curso y disfrute del proceso a medida que lo haga. Cuando surja algo que clasifique como malo, reflexione y vea las circunstancias como algo interesante en vez de negativo. Escribir en un diario para documentar su transformación le permitirá disfrutar del proceso con un poco más de gracia y facilidad.

Abundantes bendiciones, y que su recorrido a la grandeza comience hoy.

Tabla de Contenido

Capítulo 1 - El Hambre Interior......................................11

Capítulo 2 - Preparándose Para El Éxito 23

Capítulo 3 - ¡Límites! 28

Capítulo 4 - ¿Como Funcionan las Vibraciones de Energía? 35

Capítulo 5 - Las Diez Claves Del Éxito.........................40

Capítulo 6 - Por Qué La Prosperidad Parece Ser Tan Difícil De Alcanzar 52

   ¿Qué Crea Su Realidad Actual?.................................53

   Cómo Los Pensamientos Pasados Crearon Sus Resultados Actuales...53

   Cómo Descubrir Cuáles Son Sus Pensamientos Actuales 56

Capítulo 7 - Cambie Sus Pensamientos Y Cambie Su Mundo ..63

Capítulo 8 - Introducción A La Conciencia De Riqueza 72

Capítulo 9 - Mi Historia De Dinero 74

   Su historia de dinero 76

   Entendiendo su relación con el dinero 77

Capítulo 10 - ¿Qué Es Un "Boogieman" De Dinero? 80

   Destruyendo el Boogieman de Dinero 81

   Qué hacer si el Boogieman de dinero intenta regresar 86

Capítulo 11 - Construyendo Una Conciencia De Riqueza.......88

   Y Ahora: ¿Qué Sigue?..92

   Lo Que Otras Personas Están Diciendo Sobre Luci 93

Capítulo 1 - El Hambre Interior

Primero, permítame decirle que las Manifestaciones Mágicas del Dinero es una habilidad. ¡Sí! Me refiero a una habilidad que es científica, porque es repetible, duplicable y enseñable. Esto significa que usted puede aprender esto del mismo modo que aprendió a leer y escribir. Este libro tiene toda la información que necesita para comenzar. Tiene los elementos básicos necesarios y mucho más. Leyendo este libro en su totalidad sin saltearse le dará los mejores resultados. Si salta secciones intentando esto y aquello o diciéndose a sí mismo que ya lo sabe, puede que no alcance su máximo potencial de riqueza. Puede que logre manifestar, pero los resultados pueden ser un poco sesgados o distorsionados. Por lo tanto, si actualmente no está todavía logrando ingresos de seis figuras o más, entonces definitivamente no saltee adelante. *Hay palabras codificadas de alta vibración y mágicas a lo largo de este libro que están diseñadas para desencadenar despertares y desatar su profundamente oculta magia interna.* Estas palabras están configuradas de manera secuencial, para que a medida que usted vaya leyendo cada capítulo, otra capa de energía que ha estado manteniéndolo atascado comience a dejarlo. Este libro está configurado como una activación para usted y como un proceso que hará que su transición sea lo más suave posible.

**Le resultará beneficioso usar un diario o
una libreta junto con este libro.**

Comencemos hablando de esa sensación persistente que puede haber estado ignorando por demasiado tiempo, y luego nos concentraremos en sus semillas de grandeza que están listas para brotar.

En lo profundo de nosotros, tenemos un hambre; un tipo de necesidad que parece no podemos realizar o satisfacer. Buscamos sin fin, tratando de llenar este vacío, hasta que nos agotamos a nosotros mismos y a nuestros recursos. Corremos en círculos, mareándonos del deseo, pero nunca encontrando algo que satisfaga o realice esta necesidad intensamente arraigada. Después de largas búsquedas, tendemos a colapsarnos por la pura fuerza de la gravedad.

Nos preguntamos:

~ **¿Qué pasó exactamente...?**
~ **¿Por qué nuestros esfuerzos no han sido apreciados...?**
~ **¿Por qué no hemos sido valorados...?**
~ **¿Por qué todos los demás nos siguen quitando cuando ya no tenemos nada más que dar...?**

Parece que no recibimos retorno a cambio de nuestras inversiones, no hay comida que nos satisfaga, ni bebida que sacie nuestra sed.

Tratamos de bloquear esta hambre porque simplemente no sabemos qué es lo que nos falta y lo que está creando este sentimiento. Hemos intentado amar hasta que nuestros corazones han sido destrozados. Nos hemos entregado hasta el punto de no tener nada más que dar.

Y hemos defendido una causa y luchado por peleas que nunca comenzamos.

¿Dónde se puede encontrar alivio? Lo hemos buscado en Dios, el mundo, nuestra familia, nuestros seres queridos. No dejamos una piedra sin mover, ninguna región inexplorada, y sin embargo estamos aquí. Nos sentimos abandonados por todo y decepcionados por todos. Una parte de nosotros está tan enojada, que tenemos miedo de abrir la boca por temor a atacar en una rabia enloquecida. Tememos que si toleramos una desilusión más, iremos en un embestida que terminará en terror y lágrimas.

¿Cómo encontramos la fuerza para continuar? ¿A quién podemos acudir? ¿Hay alguien ahí para ayudarnos si nos caemos? ¿Podemos confiar en nosotros mismos? Hay un sinnúmero de preguntas que nos obligamos a preguntar simplemente para evitar el vacío. Nosotros llenamos cada minuto del día con actividades y ruido; ruido que esperamos atenué esta horrible sensación de que nadie más podría entender o experimentar. No parece haber alguna razón para este vacío o hambre.

La verdad es que tenemos tanto miedo de mirar dentro de nosotros mismos y explorar este sentimiento, que dirigimos todas nuestras energías hacia el exterior. Fingimos que no existe, con la esperanza de que si no lo notamos, desaparecerá.

Encontrar las piezas faltantes que están causando este vacío profundo dentro de usted, puede ser un proceso más fácil de lo que piensa. A este vacío le faltan pedazos de su alma y su sagrado corazón. Si estamos dispuestos a trabajar en ello, podemos volver a ser uno con nuestro ser auténtico. Podemos acceder a nuestras semillas de grandeza con menos de la mitad del esfuerzo que hemos estado haciendo. Ahora, comience a despertar.

Entiendo el dolor que estás atravesando. Lo sentí por muchos años. Este libro verdaderamente le ayudará a liberar su ser interior y yo le explicaré algunos secretos que he descubierto. Estos secretos le permitirán comenzar a crear manifestaciones mágicas en su vida. Quizás pueda identificarse con esto cuando yo empiece a hablar sobre sus semillas de grandeza.

Entiendo que ser una persona cariñosa y de buen corazón puede ser difícil si tememos que otros no nos quieran. Agonizamos sobre *cómo* podemos servir. Buscamos las formas de satisfacer las necesidades y deseos de los demás. Somos los cuidadores de la Tierra, y lo hacemos porque creemos que no tenemos otra opción. Es nuestra semilla de grandeza y nuestro llamado desde lo más profundo de nuestras almas.

Nuestro único deseo es hacer felices y ayudar a los demás. Nos hace sentir bien, pero solo por un momento. La verdad se nos oculta, porque al ayudar *primero* a los demás, de alguna manera nos olvidamos de nosotros mismos. Les damos nuestro dinero, tiempo y energía. A lo largo de nuestro recorrido por la vida, nos hemos encontrado con otros que tomaron ventaja de nuestra bondad. A veces esto fue intencionalmente, pero la mayoría del tiempo fueron simplemente aspectos erróneos y desorientados de un alma herida anhelando curación. Sus heridas encontraron nuestra herida y sentimos una sensación de pertenecer, como si por un breve momento fuéramos "*comprendidos*".

A medida que nuestra vida cotidiana continua, nuestras heridas se cubren con nuestro ajetreo e incluso, finalmente, nos olvidamos de que estaban ahí. Nuestra herida comenzó mucho antes de que nos convirtiéramos en adultos. Nos olvidamos de nosotros mismos mientras crecimos y nos olvidamos de nuestros dolores, dejando curitas sobre nuestras cicatrices hasta que las olvidamos también. Comenzamos a enfocarnos en sobrevivir nuestra vida y crecer. Nos encargamos de los cuidados cotidianos, de los quehaceres, de los otros, de la casa y del automóvil, etc., creando listas interminables de cosas que necesitan nuestra atención. Cada vez que tomábamos un momento para nosotros mismos, fuimos molestados, reprendidos y nos llamaron egoístas. O peor aún, nos lo dijimos a nosotros mismos. A pesar de que no era natural el ignorar nuestros dolores físicos y emocionales, aprendimos a fingir que no eran tan importantes como otras necesidades. Puede que tenga la fuerza impulsadora de querer cambiar el mundo. Puede tener una añoranza profunda de que algo tiene que ocurrir. Pero tal vez no sepa qué es ese algo.

Después de muchos años de privación del sueño y dificultades, comenzamos a sentirnos vacíos y a preguntarnos qué es este vacío dentro de nosotros. Tratamos de cubrirlo con otra curita, pero eso simplemente se cae y el ardor se siente más fuerte. Finalmente, nuestros cuerpos físicos y emocionales comienzan a gritarnos hasta que ya no podemos minimizar el dolor. Puede que esté experimentando este persistente dolor, pero no ha podido resolverlo

Este profundo sentimiento interno puede motivarlo a buscar respuestas en todas partes y causar que se sienta decepcionado porque aún no las ha encontrado. Las cosas que están más allá de lo que solía ser nuestra zona de confort comenzarán a desaparecer. En el pasado, de manera colectiva, nos hemos estado deslizando hacia arriba y hacia abajo en nuestras zonas de confort interno. Si

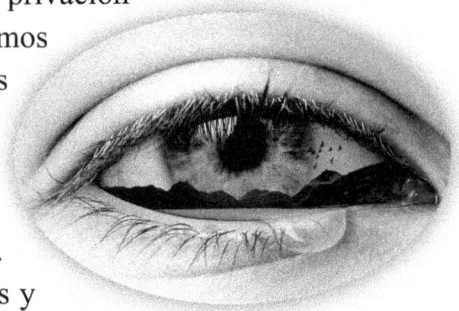

usted ha tenido bajos más bajos y máximos más altos, se sentirá aliviado al saber que las cosas están a punto de cambiar para usted. Incluso si siente que se está colapsando. Usted puede estar por tener un gran avance en varios niveles. A veces la única forma de seguir hacia adelante es tocando fondo y sintiéndose estancado. Entonces, una vez la incomodidad se vuelve demasiado, es posible comenzar a avanzar de nuevo. Puede que alcance un punto y vuelva a caer. Esto fue alguna vez lo normal para mí. Puede usted sentirse como si estuviera en una montaña rusa emocional. Es posible que se haya sentido tan frustrado, que le ha gritado al Universo: "¡¿Qué está pasando?!" Si se ha sentido así de frustrado y algunas veces ha caído en la apatía, este libro puede ayudarle a encontrar las respuestas a estas preguntas y más. Continúe leyendo. Lea cada capítulo, incluso si le parece que de alguna manera su vida se ha confundido con la ley de la gravedad diciendo: "Lo que sube, tiene que bajar".

Hay esperanza y un camino hacia la libertad

Una vez que comience a sacar las semillas de la duda, el miedo y la desesperanza, tendrá el espacio para plantar semillas de grandeza dentro de su jardín mental. Yo estoy aquí para ayudarle a hacer eso, si está dispuesto y listo. Sé que si todavía está leyendo, está listo para comenzar a crear una vida llena de magia, libertad y alegría. Podrá comenzar a vivir sus verdaderas pasiones internas; las que olvido hace tanto tiempo, que parecen un viejo recuerdo olvidado. Voy a guiarle a través de un proceso en este libro. Este proceso ha sido utilizado por cientos de personas con resultados milagrosos, y ahora está disponible para usted.

En este momento, su vida está cambiando. Su decisión de buscar algo que tiene un significado más profundo y su deseo de querer más están cambiando su vida de las maneras más maravillosas.

¿Alguna vez ha tenido esa sensación, esa persistente sensación, de que hay algo debajo de la superficie? ¿Alguna vez ha estado despierto por la noche sintiendo miedo y deseando que esa sensación desapareciera? Usted no quiere seguir experimentando esto una y otra vez. Quiere que las cosas sean diferentes, pero no sabe cómo. Usted está chocando contra un techo de cristal financiero o alguna otra pared. A veces incluso podría justificar que realmente no es tan infeliz con respecto a sus circunstancias, pero tampoco se siente inspirado a cambiar tanto. Realmente no puede descifrar por qué tiene este sentimiento. Siente que algo está mal pero, según las apariencias, no puede ver nada anormal. Realmente no piensa que debería estar haciendo algo diferente, pero, aún así, tiene esa sensación.

Después de un tiempo finalmente obtiene un poco de alivio, porque esa sensación parece desaparecer. Es decir, desaparece por un tiempo. Luego parece volver más fuerte y más persistente que la última vez. Sigue sucediendo una y otra vez, y usted siente que esto es como las olas del mar en cámara lenta. La sensación viene sobre usted y lo abruma como si lo estuviera ahogando. Retrocede y desaparece, dándole chance a que pueda recuperar el aliento, pero luego vuelve aún más fuerte y más poderosa.

Quiero que sepa que está bien. Quiero que entienda que ésta es su verdadera esencia llegando a la superficie. Hemos sido programados a ignorarla. Hemos sido entrenados para tener miedo a probar cosas nuevas, a soñar en grande. Tiene miedo de que sus padres lo miren con la decepción con la cual mirarían a una persona que soñó con volar y fracasó.

Lo que más teme usted es el fracaso. Creo que debe entender que realmente no existe el fracaso. Puede terminar el proceso, o puede decidir a mitad de camino que esto no es lo que realmente quiere. Le doy permiso para que entienda que está bien. Si alguien le dice que está perdiendo su tiempo, realmente necesita preguntarse: "¿Estoy perdiendo el tiempo?" "¿De acuerdo a qué?" Usted realmente necesita decirle a esa persona que es usted quien decide lo que hace con su tiempo y su energía. Aléjese de ese tipo de personas; ellos serán "vampiros de energía" y le absorberán la suya con celos y envidia.

Mírelo de ésta manera: *"¿Qué he aprendido y cómo puedo usarlo para volver en realidad los sueños que realmente quiero?"*

¿Ha considerado vivir su vida experimentándola como un aventurero? Ahora, habrá cosas que no funcionarán de la forma esperada o planificada. Pero también habrá cosas más hermosas de lo que jamás hubiera imaginado. Y estará más feliz con ellas de lo que hubieras estado si hubieras recibido exactamente lo que quería. Recibiría algo mejor y más armonioso que si hubiera optado ir por la otra ruta.

Ejercicio: Necesitará su diario o cuaderno y su herramienta de escritura favorita.

Tómese una media hora y comience a escribir sobre un par de cosas que no funcionaron como usted quiso que funcionaran. Cuando termine, con una mente abierta, pregúntese a usted mismo: "¿Salió algo mejor de esto?" "¿Qué aprendí?" "¿Cómo estoy usando este conocimiento para crear algo mejor?" "¿Cómo me ha favorecido esto?"

Es muy importante en este momento que entienda que a veces sus expectativas están definidas tan estrechamente, que usted decidió que la experiencia fue negativa porque las cosas no salieron exactamente como quería. Usted está completamente centrado en esa negatividad y está completamente concentrado en el pensar de "Bueno, yo debo ser un fracaso porque no resultó como yo quería que fuera".

Su forma de pensar saboteará su habilidad para tener éxito.

La mente es muy ingeniosa; tiene que tener cuidado a no hacer que las expectativas sean tan estrechas que no pueda ver la belleza de lo que realmente está pasando.

Me he dado cuenta de que las personas que tienen vidas que no disfrutan están enfocadas en todas las cosas que no les gustan. Algunas personas se enfocan en sus molestias y dolores físicos. ¡Todos sufrimos malestares y dolores en nuestros cuerpos! La clave para administrar nuestra manera de pensar está en usarla como un factor motivador, en lugar de un impedimento, para movernos hacia adelante en la vida.

Tenga en cuenta que lo que percibe no es necesariamente lo que es real o incluso lo que está realmente pasando. Pídase a sí mismo a comenzar a ver la imagen panorámica de lo que actualmente ve, porque probablemente ha sido entrenado para tener anteojeras y solo ve un porcentaje muy pequeño de lo que realmente está sucediendo.

Ahora vamos a sumergirnos más profundo. Quiero comenzar preguntándole algo muy profundo pero simple: "¿Está realmente listo para hacer una diferencia en SU vida?" No me refiero a hacer una diferencia en la vida de otra persona. Usted es un experto en eso. De lo que estoy hablando es algo que en términos generales, especialmente como mujeres, se nos ha enseñado que es ser egoísta, egocéntrico u otras críticas.

Mi objetivo es educarlo para que pueda aprender la diferencia entre dando desde un lugar de agotamiento y dando desde una amplitud de abundancia. Cuando está en un espacio de abundancia desbordante, es más capaz de dar a los demás. Esto significa que se da a usted mismo primero hasta que esté lleno y luego, desde allí, podrá dar a los demás.

Sé que usted tiene lo que se necesita y que será capaz de hacer una gran diferencia en su futuro. Así esté recién empezando, incluso si solo está dando un paso de bebé -sólo uno-; tómese un momento y piense en estas preguntas:

> ~ **¿Tiene usted o va a desarrollar la manera de pensar para lograrlo, incluso cuando piense que se va a quebrar?**
>
> ~ **¿Qué es exactamente lo que está buscando?**
>
> ~ **¿Cómo quiere que sea su futuro?**

Si tuviera absolutamente nada que pudiera detenerlo... Si el dinero no fuera un problema... Si su casa, amigos, familia, obligaciones o cualquier otra cosa no pudieran detenerlo... Si nada pudiera evitar que obtenga lo que realmente quiere de la vida...

~ **¿Cómo quiere que sea su vida?**

~ **¿Cómo se sentiría?**

~ **¿Cómo va a llegar hasta ese punto desde aquí?**

Sé que probablemente ha hecho un sinnúmero de trabajo y probablemente haya tenido más obstáculos que cualquier otra persona que haya conocido. Sé que a veces su recorrido ha sido agonizante. Sé cómo se siente. Está frustrado y a veces se siente desolado. Sé que es posible se haya arrodillado a llorar tanto, que ni siquiera podía levantarse. Yo también estuve ahí. Desde lo más profundo de mi ser, lo entiendo. Estoy sosteniendo su mano ahora mismo. Solo tome un momento, cierre sus ojos, y sienta mi mano muy suavemente tomando la suya. Lo estoy alentando y estoy aquí para usted. Creo en usted y le estoy alentando a través de este proceso.

Ahora quiero que preste mucha atención.

Es importante que comprenda que su pasado, sus errores, sus supuestos fracasos y su dolor no han sido en vano. Quiero decirle que todo fue preparándolo para que su grandeza comience a emerger ahora. No es ningún error que usted está aquí, y no es una coincidencia que esté leyendo estas palabras.

Este es su momento; ahora.
Tome asiento y relájese por un momento.

Su alma, las profundidades internas del ser que en realidad es, está comenzando a avanzar. Y esto es aterrador porque su verdadero valor no descansa en los hombros de otra persona; no depende de otra persona. No origina de lo que otras personas piensan. No es el dinero que gana. Y más importante aún, no surge de los trucos que su mente le ha jugado, tratando de hacerle sentir pequeño e insignificante. Quiero decirle que hay una grandeza tan poderosa dentro de usted, que ni siquiera puede imaginar la cantidad de poder que realmente posee.

Juntos vamos a abrir la puerta para que comience a brillar. Sin embargo, no vamos a abrir la puerta de una sola vez, cegándolo, ya que francamente puede asustarle como me hizo a mí. Podemos hacer esto juntos, un poco a la vez. Va a abrir la puerta y echar un vistazo al interior. Una vez que comience a acostumbrarse a su verdadero resplandor y a quién realmente es, vamos a abrirla lentamente un poco más. Esto es un proceso. A veces parecerá que está retrocediendo. Otras veces parecerá que está deslizándose hacia la derecha o hacia la izquierda. Pero yo le prometo que está progresando y continuará progresando. El truco está en saber que está tomando los más pequeños pasos, incluso cuando sienta que nada está pasando. Está en el centro de un enorme torbellino que está moviendo todo a su alrededor.

Primero, debe tomar la decisión de que quiere que se abra esa puerta, porque una vez está abierta, no hay vuelta atrás. ¡Se volverá ilimitado! Tomará tiempo. Es posible que la vida que tiene ahora cambie a un nivel más alto y de mayor bien. A veces esto parece un caos. Otras veces parece que nada cambia, excepto lo que siente dentro de sí. Entonces, necesito saber: "¿De verdad está listo para esto?" Todavía está leyendo esto, así que sé que está listo para recibir las llaves para comenzar a abrir esa puerta.

Capítulo 2: Preparándose Para El Éxito

Para continuar accediendo a su grandeza, hay algunas cosas importantes que necesita comprender. Acceder a su grandeza le llevará a aprovechar su intuición, lo que activará directamente su verdadera magia interior. Esto es lo que lo hace un magneto para el dinero, lo que le proporcionará la habilidad de tener más libertad. Cuando esté libre por dentro, experimentará más alegría de la que pueda imaginar.

¿Ha estado trabajando sin parar, pero no ha cosechado ninguna de las recompensas que siente debería tener? Las razones y excusas que muchas personas usan fueron creadas a partir de todo el sufrimiento, el dolor y la miseria que fueron resultado de la creencia de que no somos lo suficientemente buenos en un nivel u otro.

Muchos de ustedes creyeron las opiniones de otras personas, las cuales fueron erróneas. Comprenda que estas otras personas han estado sujetas a las opiniones erróneas de otros, y por lo tanto se han convertido en gente obstinada. Parece natural porque la sociedad lo ha aceptado en muchos niveles. Para llegar a la verdad de su ser, hay técnicas que le permitirán comenzar a expandir su grandeza interior y a descubrir su verdad personal.

Esta verdad es que usted es digno más allá de toda medida y que no tiene comparación.

Comprenda que nunca tuvo la intención de tener una vida pequeña o insignificante. Y es ahí donde surge mucha de su miseria emocional. Por favor entienda que, por derecho propio, usted está destinado a cosas grandes. Si no está completamente seguro de

lo que realmente es, hay esperanza. Por ahora, considere que su ser auténtico se escondió por un tiempo. Usted hizo eso porque cuando era un niño aprendió que solo ciertos comportamientos eran premiados, mientras que otros fueron condenados. Usted puede haber sido un niño maravilloso al que le encantaba ser el centro de atención. Esto era lindo al principio pero, a medida que creció, las reglas cambiaron y es posible que le hayan llamado egoísta. Era para nada usted egoísta y esto lo confundió. Ya no se sentía seguro y, poco a poco, aceptó que nunca se permitiría ser herido de nuevo. Con cada acuerdo que hizo consigo mismo como niño, una parte de sí se escondió. A veces puede haber sentido que estaba batallando con las preguntas: "¿Quién soy?" "¿Qué quiero en mi vida?" Y ahora, cuando mira a su alrededor, es posible que solo vea el gran sufrimiento en este mundo y se sienta sin esperanzas por no ser capaz de cambiar nada.

Todo comenzó a tener sentido para mi, cuando me sentía que me desboronaba. Me diagnosticaron una condición que alguien en sus setenta años normalmente experimentaría. Yo tenía treinta y nueve. Creí que me estaba cuidando. Pero había cosas fuera de mí que exigían mucho de mi tiempo y energía. Yo fui Directora Ejecutiva de un centro de atención domiciliaria durante veinte años, lo que afectó mi salud, mi vida y mis relaciones. Tuve que aprender a convertirme en una prioridad para salvar mi propia vida. Usted puede estar sintiendo que se está quedando sin tiempo y debe comenzar haciendo algunos cambios ahora, antes de que tenga problemas en su vida. Es mi deseo alentarlo a evitar tener que lidiar con una gran crisis de vida. O quizás ya lo ha experimentado. De cualquier manera, este libro será una guía para que usted acceda a su verdadera grandeza, mientras descubre la magnificencia de su único propósito en el proceso. Esto le llevará a tener una vida exitosa más allá sus sueños más descabellados.

Cuando quiere tener una **vida exitosa**, es extremadamente importante que haga de usted mismo una prioridad. Esto significa usar su punto de referencia interno como un medio para medir dónde está, en comparación con a dónde va. No significa comparándose con alguna persona externa de referencia, lugar o cosa. Implica cuidarse primero, antes de cuidar a los demás. Esto le permite cuidar a los demás desde una base que se desborda. Entiendo que esto podría ser una de las cosas más difíciles que tenga que hacer. Fue una de las cosas más difíciles que he aprendido en mi vida. Una vez se acostumbre, se convierte en una de las cosas más gratificantes que puede hacer. Es algo que nadie puede quitarle. Puede estar diciendo: "Lo entiendo. ¡Pero no sé por dónde empezar o qué hacer!" Tome mi mano y vamos en un corto recorrido. En su diario, escriba todas las formas como actualmente se cuida a sí mismo. Puede ser algo tan simple como dormir las horas necesarias, comer saludable, cepillarse los dientes después de cada comida, etc. Luego, escriba cómo cuida a su "yo emocional". ¿Se da permiso para a veces comportarse como un niño? ¿Dibujó, pintó, bailó o hizo alguna otra actividad cuando era joven que le producía alegría, pero ya no programa el tiempo en su vida para alguna de ellas? ¿Qué cosa puede comenzar haciendo, aunque sea una vez cada dos semanas y así sea por solo 15 minutos?

Empiece a invertir en usted mismo y dese permiso para tomar el tiempo de paz y tranquilidad que necesita para reagruparse y energizarse. Recuerde que desde este espacio, puede comenzar a desbordarse en bondad. Luego puede usar ese desbordamiento para cuidar de su familia, clientes, negocios, etc. Si dice: "Lo sé.", pero lo está contrarrestando con: "No tengo tiempo." o alguna otra excusa, deténgase un momento. ¿Cómo se sentiría su ser amado si le sigue diciendo eso? Si está poniendo excusas de por qué no puede tomarse un tiempo para sí mismo, analice la razón. Mire más adentro y comience a desentrañar donde primero aprendió que no está bien cuidarse a usted mismo primero. Esto incluso puede estar en algún lugar de su cuerpo. Pregúntele a su cuerpo dónde usted tiene almacenado esto y luego pregúntele cómo puede dejarlo ir. Si no está en su cuerpo, pregúntele a su alma si está en alguna parte de su linaje. Una vez que pueda ver dónde está siendo almacenado, imagine una hermosa luz de cualquier color que desee, fluyendo a esa área y disolviendo la oscuridad que lo ha estado bloqueando. Si necesita una ayuda visual, encienda una vela e imagine que eso se quema mientras la cera se derrite.

Si realmente no sabe cómo cuidarse a sí mismo, entonces piense en cómo usted trataría a una celebridad o invitado de honor que lo visita. Dese un gusto en esa manera. El cuidado personal no tiene que ser costoso. Puede ser más valioso tomar medio día para usted y pasearse en un parque. Comience a actuar como si usted mismo es el amor de su vida que siempre ha deseado. Si está trabajando con su niño interior, comience brindándole un refugio seguro. ¡Diviértase! Vaya por su helado favorito o cualquier otro placer que sea su favorito. A mí me encanta comprar frutas y verduras frescas. Si su vida tiene algún parecido a la mía, probablemente le hayan dicho que es diferente, que no encaja del todo y que no actúa de manera "normal". Está bien, porque realmente es un ser completamente único, valioso, precioso y raro. Nunca se suponía que fuera como los demás. Los líderes rara vez son como los demás. ¡Son esas mismas diferencias las que lo hacen genial! Es de lo que están hechos las leyendas y los legados. Usted está subiendo por encima del resto que prefiere tener una vida mediocre.

Puede comenzar atesorando su cuerpo. Céntrese en los atributos que le gustan acerca de su cuerpo, así sean las cejas o los dedos o una sola parte de sí mismo. Solo comience en alguna parte. Si realmente quiere tener una alta autoestima y quiere que le guste su cuerpo, ignore la locura que está en la televisión. Evite la propaganda de publicidad que ponen ahí, tratando de hacerle sentir mal.

Cuidarse a usted mismo le da la pasión, la energía y el deseo de ayudar a los demás desde una fuente abundante, en lugar de un punto de agotamiento donde se siente que tiene que hacer todo por todos. Usted es valioso, precioso y raro. Solo usted puede proporcionar la chispa que nadie más tiene. Irradie su luz, y su vida comenzará a fluir.

Capítulo 3: ¡Límites!

Una vez que comience a tomarse un tiempo para usted, también notará que tendrá que comienza a tomar en cuenta el concepto de **Establecer Límites**.

¿Alguna vez se ha sentido mal por utilizar límites? Es decir, ¿se has sentido mal cuando ha tenido que comenzar a **Establecer Límites**? La palabra Límites puede ser un concepto áspero para muchos de nosotros, porque no queremos ser percibidos como mezquinos, crueles, malvados o egoístas ¡Oh si! La gran palabra "Egoísta", que a veces es utilizada como burla en nuestra contra, por personas manipuladoras. Hay palabras o tonos de voz discretamente utilizados en su contra cuando otras personas no pueden salirse con la suya y aprovecharse de su dinero, tiempo o energía. ¡Todo porque usted utilizó limites! Lo mejor es permitir que sus límites se conviertan en su hermano mayor.

Usted establece límites para protegerse a sí mismo y permitirse tener una relación sana consigo mismo y con los demás.

Déjeme decirle, como un "felpudo en recuperación", que esto es especialmente difícil para mí. Parece que, tan pronto como uno establece un nuevo límite, la gente de repente comienza a tratar de cruzar ese límite. Pegan por la izquierda, la derecha y de lado.

Después de establecer límites con respecto a ya no regalar mi dinero, dentro de un lapso de 3 semanas me contrataron para un trabajo no deseado en un centro de llamadas. Lo extraño fue que yo ni siquiera había aplicado para ese puesto. Me enviaron al sitio de parte de una agencia temporal de contabilidad a la cual yo había solicitado varios meses antes. Mi error fue aceptar esa posición, pensando que debía aceptar cualquier **oportunidad** que se me presentara, porque me proveería más dinero. ¡Incorrecto! Personalmente, no fue tan mala la experiencia, pero el despido después de cinco días de entrenamiento fue muy incómodo. Hablé con mi límite de autoestima y decidí lo que estaba dispuesta y no dispuesta a hacer por dinero. Innecesario decirle que realmente me hizo sentir inútil por un poco de tiempo. Sabía que tenía mucho más trabajo que hacer dentro de mí. Me olvide de mirar esto desde una perspectiva más amplia de mi alma y preguntarme: "¿Cómo me ayuda esto a mí y al plan de mi alma?"

La gente empezó preguntarme si podía prestarles dinero para problemas médicos, o porque estaban gastando en exceso, o porque no podrían pagar su alquiler. Recibí otra advertencia cuando terminé pagando la cuenta cuando salí a cenar con otras personas. ¡Oh Dios mío! Era como si todos y sus hermanos supieran que no estaba dispuesta a regalar más mi dinero, ¡entonces tenían que desafiar mi nuevo límite!

Esto es una prueba del Universo, porque verdaderamente quiere saber si eso es lo que realmente quiero. ¿Hablaba en serio acerca de establecer ese límite? ¿Cómo se siente cuando alguien cruza ese límite o "tiene" que ser amable? ¿Cómo maneja a la persona que pierde los estribos cuando le dice: "Lo siento pero yo no puedo hacer eso por ti en este instante."?

Cuando establece límites, sus miedos más profundos pueden surgir, y lo pondrán a prueba de una forma u otra. ¿Cómo maneja esto? ¿Cómo supera esto? Muchos de nosotros nos angustiamos por esto una y otra vez, cada vez que establecemos un límite.

Yo encontré una solución simple, a la que llamo: el "ejercicio-triunfo-espejo" o ejercicio de triunfo en el espejo". Al principio, pensé que esto era demasiado simple. Frente a un espejo, pongo mi mano sobre mi corazón y me doy 3 golpecitos. Digo en voz alta, mirándome en el espejo, "Juro lealtad a mí misma". Después de decir esto 3 veces, entonces digo: "¡Así será!". La frecuencia con la que haga esto depende de usted, y de la cantidad de trabajo que tiene que ver con un límite en particular.

Empiece su ejercicio-triunfo-espejo, respirando profundamente y preguntándose a sí mismo tres veces: "¿Cómo me afectará el no permanecer en mi verdad?". Una vez sepa cómo le afectará el no permanecer en su verdad, podrá comenzar a establecer mejores límites. Después de establecer un límite, aún puede sentirse incómodo diciéndole "NO" a los demás. Comprendiendo por qué el "NO" tiene tan mala reputación le ayudará a aprender cómo usándolo le salva de sufrimientos infinitos en el futuro.

¿Recuerda cuando era niño y tenía la fenomenal idea de tocar algo? ¿Recuerda la respuesta de sus padres? Cuando quería agarrar algo, escuchó en una voz chillona el "¡NO!"

Eso le sorprendió un par de veces. Después de un tiempo, usted aprendió lo que era un SÍ y lo que era un NO. Comenzó a asociar la palabra SÍ con cosas que podría tener, mientras que identificó la palabra NO con cosas que no podría tener, que no podía hacer, que no eran buenas para usted, o que eran potencialmente peligrosas.

Primero fueron las cosas que eran peligrosas, como tocar una estufa caliente o poner un tenedor en un tomacorriente. Esto progresó a "no comas eso o no uses eso". Entonces, comenzó a decirse NO a sí mismo, incluso cuando sus padres no estaban presentes.

Cuando nuestros padres nos pedían que hiciéramos algo, si respondíamos con un NO, la mayoría de nosotros fuimos reprendidos por no aceptar o no hacer lo que se nos pedía. Eventualmente, el no cumplir con lo que alguien nos pedía se volvió en un sentimiento de indignidad e ineptitud. Esto le ha dejado sintiéndose solo e impotente. Puede que muchas personas le digan que está bien decir NO ahora que es adulto. Pero todavía tiene esa incómoda sensación dentro de sí de que estás haciendo algo malo. Esto es especialmente cierto si le dice NO a alguien a quien admira, ama o respeta. Ahora, cada vez que dice NO, comienza a sentir esos sentimientos que tenía cuando era un niño. Tal vez experimente una sensación desgarradora por dentro cuando alguien le pide que haga algo que no quiere hacer. Si no está seguro sobre querer hacer algo, en lugar de decir NO inmediatamente, puede disminuir esta sensación haciendo preguntas sobre qué es lo que quieren de usted. Por ejemplo: "¿Cuánto tiempo tomará?". Si está ocupado en el momento en que le piden hacer algo, puede decir: "¿Me puede preguntar otra vez más tarde o esta noche cuando no esté ocupado para poder mirar mi calendario?". Esto le dará tiempo para pensar sobre si realmente quiere hacerlo o no.

Mientras tanto, puede comenzar a practicar a decir NO con un amigo o un ser querido que esté dispuesto a ayudarle. La única forma en la que puede comenzar a administrar su propia vida personal es permitiéndose saber y aceptar cuando está abarcando demasiado y no puede ayudar a otras personas.

A veces es más fácil decirle NO a ciertas personas, pero todavía es muy difícil decirle NO a otras. ¡Está bien! También está bien el dejar de castigarse a sí mismo porque simplemente no podía decirle NO a esa persona. Este es un excelente momento para mirar cómo se siente con respecto a esa persona. Analice más profundo dentro de sí mismo para descubrir el por qué se siente obligado a decir SÍ la mayor parte del tiempo. Vamos a llegar a la raíz del miedo que le está impidiendo reclamar su poder personal. ¿Estas personas le hacen sentir insuficiente? ¿Siente que es como un sirviente para ellos? Tal vez siente que estas personas tienen autoridad y que podría tener problemas si les dice que NO. Independientemente de cómo se sienta, en lugar de solo gritar NO, hágales preguntas para que pueda entender exactamente qué es lo que quieren de usted. Y si tiene que decirles: "Déjame pensarlo", está bien. Si la persona dice que necesitan una respuesta inmediata ("en este mismo instante"), o no parece que aceptará el NO por respuesta, puede que esté tratando de manipularlo intencionalmente.

Las personas que manipulan son tóxicas emocional y mentalmente (especialmente para muchas mujeres que son generosas, compasivas y bondadosas). Lo mejor es eliminar a tantas personas tóxicas de su vida como le sea posible, para que no lo pongan en situaciones donde sienta ese sentimiento de culpa desgarrador, porque dijo NO o no pudo cumplir con lo pedido.

Cuando es capaz de honrarse desde dentro, establecer límites y retomar su poder personal, las personas que han sido tóxicas en el pasado comienzan a desaparecer lentamente de su vida.

¿Por qué es posible que haya tenido límites débiles en el pasado?

Para entender cómo ha llegado a ver su propio cuerpo y su vida como indeseados, debe comprender de dónde provienen parte o todos esos sentimientos. Me gustaría hablar sobre la televisión y otras formas de propaganda publicitaria. La propaganda es parcial y principalmente tiene un punto de vista intencionalmente diseñado para hacerlo sentir culpable y feo. Está destinado a manipularlo para que se sienta así y actúe de cierta manera. Por lo general, estos intentos son para manipularlo a comprar sus productos o usar un servicio en particular.

No toda publicidad y propaganda es mala. Hay vendedores honestos y otros que realmente proporcionan excelentes marcas y servicios para mejorar su calidad de vida. Comprender las diferentes formas de mercadeo le faculta a tomar mejores decisiones. Comprender cómo estas tácticas juegan con su constitución psicológica le permite ver cómo afectan sus elecciones y decisiones.

La primera forma suele ser Testimonios. Estas son personas que han utilizado el producto o servicio y han tenido buenos resultados. La clave para entender testimonios es que los resultados son formas de éxito inusuales. No son el éxito promedio, pero el éxito extremadamente inusual. Tiene que ver cuántas personas están reclamando esto. Luego determinar si siente que se beneficiaría de estos productos o servicios.

Otra forma se llama "Enmarcar". El enmarcar se usa para contar una historia que solo presenta los puntos buenos de un producto o servicio, para influenciar a las personas a tomar la acción deseada. También señala las malas consecuencias de no tomar esa acción. Esto puede ser usado por aquellos que intentan manipularlo también. Esto le lleva de vuelta a establecer buenos límites y ver la situación de una forma más amplia antes de tomar una decisión.

"Bandwagon" (comportamiento gregario) es utilizado por un grupo o movimiento que intenta obtener un atractivo masivo, donde el gran número de sus seguidores se usa para avanzarlo. Una de las más exitosas campañas de bandwagon en los EEUU fue la de una mujer, con su brazo alzado como si ella estuviera flexionando un músculo, con el mensaje: "Puedes hacerlo".

Estas formas de publicidad o propaganda le dejan confundido en cuanto a si su producto realmente sería lo mejor para usted. Lo primero que debe hacer es detenerse y hacerse preguntas. Pregúntese: "¿Qué sé sobre este producto o tema?". Haga una búsqueda en Internet. Pregúntese: "¿El hecho de que sea popular, lo hace o significa que es bueno o correcto para mí?". Pregúntese si esto realmente satisface sus necesidades y si siente que el producto o servicio realmente vale el precio. Mantenga esto en mente cuando esté creando límites y preparándose para el éxito.

yPara seguir avanzando y ayudarlo a acercarse a su camino personal de riquezas, hay algo muy importante que debe entender. Debe entender que vivimos en un mundo vibratorio y que las cosas que parecen sólidas son en realidad miles de millones de pequeños átomos microscópicos zumbando. La ciencia finalmente está comenzando a descubrir más acerca de lo que los místicos y otras personas sabias de la antigüedad han estado diciendo.

En el próximo capítulo, le daré un breve entendimiento de cómo la vibración funciona y cómo puede usarla para su beneficio.

Capítulo 4 - ¿Como Funcionan las Vibraciones de Energía?

A mediados de la década de 1990, me presentaron un concepto llamado Física Cuántica. Al principio yo no entendí completamente lo que significaba. Esto me llevó a profundizar en la verdad de cómo funciona este mundo. Tenemos ideas preconcebidas sobre cómo este Universo funciona. Muchos han oído hablar de la Ley de Atracción e intentaron hacerla trabajar, pero no fueron capaces de crear totalmente lo que querían. Eso es porque no entienden que todo es vibración.

Los científicos comenzaron a descubrir la vibración a mediados de la década de 1830. La invención del microscopio electrónico en 1931 hizo posible probar sus observaciones. Hoy en día, nosotros podemos ver movimiento en artículos comunes y de uso diario, incluyendo los que normalmente no pensamos como objetos que se mueven, como el papel, la madera, el plástico, etc. Sin entrar en todos los detalles científicos, explicaré cómo esto funciona; el por qué necesita entenderlo lo suficiente para que pueda comenzar a manifestar dinero, libertad, alegría y la vida que realmente desea.

Todos estamos familiarizados con la guitarra y sus cuerdas. Cada vez que toca una cuerda de una guitarra, hace un sonido. A veces el sonido es hermoso; otras, suena horrible. Algunas personas pueden escuchar una melodía y pensar que es la cosa más maravillosa en el mundo, porque resuena con ellos. Al mismo tiempo, otra persona puede escuchar la misma melodía y pensar que es terrible y no le suena nada bien. Desencadena una respuesta emocional inesperada. Realmente pone a esta persona fuera de sí. Se irrita intensamente y lo odia, sin entender plenamente por qué. Se frustra cada vez más, simplemente porque escucha esta particular pieza de música. Es posible que usted se pregunte: "¿Cómo se relaciona esto con crear más dinero, tener más libertad y experimentar más alegría?". Me alegra que haya pensado en eso. Déjeme explicarle.

Todo lo que vemos, tocamos, sentimos, leemos o escuchamos, son ecos de una vibración. Lo que usted actualmente está leyendo o escuchando es la vibración de mis pensamientos, y yo utilizo palabras para imprimirlas en este papel. Si cierra los ojos y se permite realmente "sentir estas palabras", podrá sentir el profundo amor que tengo por despertar a su ser superior fluyendo de mi corazón a su corazón. Cada uno de nosotros estamos compuestos de átomos que vibran a cierta velocidad. Incluso los artículos que parecen sólidos son pequeños átomos que vibran a una velocidad que nos permite percibirlos como objetos sólidos. Esta vibración causa una canción tan diminuta, que solo es medible por los instrumentos más sensibles y vista con microscopios electrónicos de alta potencia.

A veces las vibraciones causan armonía, mientras que otras veces causan alteración. Me gustaría hablar sobre una clave muy importante; puede ser difícil de entender al principio, pero será fácil detectar si presta atención.

Las vibraciones también pueden causar desarmonía emocional. Esto puede llevar a un *catalizador emotivo* (un desencadenante emocional) del que nunca usted había estado consciente. Uno de los objetivos de descubrir sus catalizadores emotivos es: desarmarlos para que no le sigan afectando negativamente. Para explorar esto más en profundidad, discutiré cómo puede identificar un catalizador emotivo.

Un catalizador emotivo puede ser activado por un motivo del cual no está usted deliberadamente consciente. Podría estar haciendo algo, o con alguien, y ellos dicen algo que no le sienta bien. Puede comenzar a experimentar un rango de sentimientos que no tienen sentido para usted.

Cuando empieza a sentir diferentes tipos de emociones, sucede algo que necesita investigar. Siente algo, pero le es imposible identificarlo.

Por ejemplo, digamos que usted lee algo que lo activa. Siente un instante de ira que surge desde su vientre. Siente que, sea lo que sea, es erróneo, malo, horrible, o cualquier otra palabra que le gustaría utilizar, con la que quiera describirlo. Se siente enojado y frustrado. Se siente impotente o listo para hacer algo al respecto de inmediato. Desde ese punto, comienza a repetirse en su mente y usted piensa en formas de resolverlo, arreglarlo o eliminarlo.

Muchas veces, es nuestro mayor sufrimiento emocional lo que nos lleva a desear hacer de este mundo un mejor lugar. Nos fortalece a tener la resistencia para lograr cosas grandes, tener influencia masiva y cambiar el mundo para siempre. Si todavía está leyendo esto, tiene esa fuerza interna que es necesaria para comenzar a transformar su mundo. También tiene la fuerza para comenzar a transformar su mundo exterior y crear un efecto dominó a un nivel global.

Su crisis emocional interna puede llevarle a querer hacer cosas que nunca ha hecho. Mi crisis interna me ha llevado a tomar una posición de empoderar a las mujeres a tener más dinero, más libertad y más alegría en sus vidas. Me he vuelto implacable en mi búsqueda para educar a las mujeres sobre cómo manifestar millones. Sé que mujeres empoderadas tendrán más opciones, mejor atención médica, más influencia y, por lo tanto, se volverán imparables. Mujeres adineradas encontrarán formas de hacer de este mundo un mejor lugar.

Analice los abusos emocionales, físicos, de otra índole o abusos de poder que han sido utilizados en su contra. ¿Puede encontrar el lado positivo donde esto le ha permitido ganar la fuerza interna para lograr lo que sea que haya resuelto en su mente? Quizás tenga en su corazón el deseo de ayudar a otros de alguna manera u otra. Si usted tuviera un negocio productivo de seis, siete u ocho figuras al año (cientos de miles a billones), ¿Cómo cambiaría esto la manera en que ayudaría usted a los demás?

Ejercicio: Necesitará su diario o cuaderno y su herramienta de escritura favorita.

Usando papel que pueda botar/tirar/desechar, anote todo lo que le ha hecho tan enojado que no podía soportarlo. No tiene que usar palabras. Puede usar garabatos, símbolos o signos. A medida que trabaje este ejercicio, es importante que ponga su ira interior en este papel. Dese permiso a usar palabras que normalmente no utilizaría. Malas palabras si es necesario. Póngase súper enojado y siga escribiendo hasta que no pueda escribir más y sienta toda esa frustración pasando directamente al papel. Escríbalo todo. Si tiene que levantarse y caminar de un lado a otro, patalear, apuntar con el dedo, gritar, o saltar de arriba abajo, hágalo. Solo deje que ese sentimiento emocional lo consuma y luego vuelva a escribirlo. Una vez que haga algo físico, podrá notar que se siente un poco más tranquilo y más relajado.

Ahora que ha escrito todo esto, busque una cubeta a prueba de fuego o una vasija de barro. Si no, use un pozo de fuego al aire libre, parrilla u otro lugar donde pueda iniciar un incendio de manera segura y controlada.

No haga esto dentro de la casa a menos que tenga una chimenea completamente funcional.

Préndale fuego al papel y, a medida que sube el humo, imagine que todo su dolor es eliminado con él. Imagine que todo el sufrimiento se quema y la causa principal ahora está disuelta. Es raro que necesite hacer esto por segunda vez. Sin embargo, si en unos días tiene la misma crisis emocional, haga este ejercicio nuevamente. Esta vez, anote no solo las circunstancias, sino también lo que haría si pudiera retroceder el tiempo y cambiar lo que ocurrió. Imagine que saca a su yo más joven fuera del caos y lo coloca en una zona segura donde pueda cuidar de él personalmente. Una vez que su yo más joven se sienta seguro, imagine algún tipo de elemento de agua, como ir a nadar o una lluvia suave y cálida, lavando el dolor y purificando a su yo actual y su yo más joven. Una vez esta purificación suceda, puede llevar a su yo más joven a su corazón y comenzar a fusionar sus increíbles talentos y dones en su mundo actual. Esto no debe usarse en lugar de ayuda profesional. Si ha tenido una infancia traumática, considere buscar un profesional que se especialice en terapia del niño interno e integración.

Después de haber podido eliminar los catalizadores emotivos y dejar a un lado la situación, es hora de comenzar a estudiar las diez claves para tener éxito.

Capítulo 5 - Las Diez Claves Del Éxito

Algunas de estas claves pueden ser nuevas para usted, y otras no. Si no son nuevas para usted, pregúntese si las está practicando o cómo podría incorporarlas en su estilo de vida. Sus circunstancias no cambiarán si no está dispuesto al cambio. Ábrase a ser flexible. Obtendrá el mayor beneficio de estas diez claves si mantiene una mente abierta y se mantiene dispuesto a explorar sus potenciales.

Clave uno:

La primera clave es *ser honesto consigo mismo* y usarla para reconocer cómo y dónde necesita comenzar a intensificar su juego. Ser honesto consigo mismo significa que está analizando dónde se encuentra actualmente, en comparación con el lugar al que desea llegar. Si no está seguro acerca de dónde desea estar, esta clave se puede utilizar como una gran herramienta para determinar que dónde está ahora no es donde desea estar. Piense en formas en las cuales puede mejorar su vida y en qué áreas.

Mirando dónde se encuentra, es una herramienta que está utilizando para mejorarse a sí mismo. Esto no es para que lo use como instrumento para hacerse sentir pequeño o auto-castigarse. Todos tenemos que llegar a un punto en la vida donde tenemos que ver exactamente dónde estamos, con el fin de saber a dónde deseamos llegar.

El uso de esta clave le ayuda a evaluar con precisión lo que tendrá que hacer para poder comenzar a intensificar su juego

Clave Dos:

La segunda clave es comenzar *a enriquecerse en su forma de pensar*, y su billetera se llenará. Usted tiene el Poder de elegir su manera de pensar. Las creencias son pensamientos que se reproducen continuamente, una y otra vez, en su mente. Cuando sus pensamientos sean de

Prosperidad, Riqueza, Felicidad, Alegría y Buena Salud, su mundo comienza a formarse alrededor de sus nuevas creencias. Entonces, diviértase con nuevas formas en las que pueda crecer Rico en su forma de pensar. Hágalo un juego. Pídales a otros que se unan a usted y salgan a jugar.

He estado practicando estos secretos por más de veinte años, y todavía tengo momentos en los cuales necesito una mejora. Solo siga avanzando y sepa que podrá lograr un gran cambio en su vida.

Clave tres:

La tercera clave es *intensificar su juego*, jugando con las palabras que dice y piensa de una manera consistente.

Esto puede sonar fácil. Sin embargo, es importante saber que esto solito cambiará su vida, sus relaciones y sus finanzas. Diviértase con sus palabras; haga rimas y canciones que le hagan reír y sentirse bien.

Cuando se siente bien y está jugando con sus palabras, está activando la Ley del Pensamiento.

Librarse de palabras y pensamientos negativos le ayudará a manifestar felicidad, riqueza y buena salud. Recuerde: si usa sus palabras como espadas, lo cortarán a usted y a otros. Elija usar sus palabras como una varita mágica de curación, y milagros y magia le seguirán a donde sea que usted vaya. Estaré cubriendo las técnicas exactas sobre cómo hacer este proceso en los próximos capítulos. Por ahora, usted tiene un punto de acceso, por lo que puede comenzar la transformación para empezar a manifestar el dinero, la libertad, la alegría y los sueños que desea.

Es imposible pensar en riqueza y opulencia mientras se preocupa por pobreza. No podemos pensar dos cosas diferentemente opuestas al mismo tiempo. Ahora, es cierto que nuestros pensamientos pueden ser tan rápidos, que tan pronto como intente pensar en algo positivo, de inmediato regrese a su estado actual. Usted tiene la opción. Puede elegir un pensamiento sobre otro. Primero hay un pensamiento. Luego hay palabras seguidas por acciones. Puede comenzar escribiendo en un diario y prestandole atención a sus pensamientos. Observe cómo lo llevan a sentirse de cierta manera. Dese cuenta cuán cansado y drenado se siente su cuerpo cuando piensa pensamientos negativos, comparado con cuando piensa pensamientos más alegres. Interesante. ¿No es así?

Puede elegir pensamientos que le empoderen a sí mismo y a los demás. O puedes elegir pensamientos que lo incapaciten y corten a otros como espadas. Elegir pensamientos de empoderamiento, aun teniendo muchos negativos, es el comienzo de la creación de milagros y magia en su vida.

Esta clave será la base principal para que usted se abra a más prosperidad en todas áreas de su vida.

Esta clave ha formado la base de mi prosperidad y ha contribuido directamente a mis éxitos personales, financieros y comerciales, así como a los de miles de otros individuos a los cuales he enseñado y entrenado.

Clave Cuatro:

¡La cuarta clave es *encender su imaginación*! ¡Despierte su creatividad, y puede imaginar que está lloviendo dinero en su vida! Deje que llueva la prosperidad en sus chequeras y billeteras. Usar su imaginación lo capacitará para que tome acciones inspiradas en manifestar dinero, cumplir sus sueños y vivir el tipo de estilo de vida que desea. Todo esto sucede con más facilidad y elegancia. Las situaciones difíciles comienzan a hacerse cada vez más pequeñas, hasta que casi desaparecen.

El truco es imaginarlo fluyendo hacia usted como un río de abundancia, sin colocar "Rocas" (obstáculos) en su camino. Las rocas son su intento de controlar "cómo" el dinero viene a usted y el hecho de que usted no está abierto a las posibilidades. Como un ejemplo: muchas personas creen que la única forma en que pueden tener dinero es trabajando para otra persona. Algunos creen que la única manera es endeudarse cada vez más, con la esperanza de algún día poder pagar esas deudas. Es cierto que estas son dos diferentes formas de tener más dinero, posesiones o cosas en su vida. Pero estos son caminos muy angostos, a pesar de que han sido prácticas generalmente aceptadas.

Hay miles de maneras para que el dinero llene su billetera. No tiene que saber "cómo" se ha llenado. Estar dispuesto a seguir sus corazonadas y prestar atención a las señales, permitirá que fluya más dinero en su vida.

Usar su imaginación y abrir su mente a las posibilidades es una de las claves más importantes que puede usar para desbloquear las barreras que le impiden ganar, consistentemente, seis figuras o más por año.

¿He sentido alguna vez que ya no le queda nada más por hacer, porque ya lo ha probado y hecho todo? A pesar de sus constantes esfuerzos, usted simplemente:

- No comprende por qué parece que no puede ganar más dinero.
- No comprende por qué sucede una crisis tras otra en su vida.
- No comprende cómo superar estos problemas y seguir adelante.

Clave cinco:

La quinta clave es *Desbloquear Sus Súper Poderes* aprovechando el poder de su súper mente subconsciente. El verdadero poder existe cuando usted acepta un pensamiento o creencia que le beneficie, hasta el punto que esté programado en su mente; es dentro del subconsciente donde toda su realidad se manifiesta sin ningún esfuerzo de su parte. ¡La parte difícil es saber cómo reemplazar las creencias en su subconsciente que le están plagando con mala suerte! Voy a profundizar más acerca de cómo nuestra mente subconsciente funciona en capítulos posteriores. Estas llaves lo están preparando para verdaderamente abrir y encender sus pasiones.

Clave Seis:

¡La sexta clave es *encender sus pasiones y prenderle fuego a su valía*! Usted es un ser poderoso. Encendiendo sus pasiones y permitiéndose verdaderamente "sentir" cómo sería manifestar sus más profundos deseos, generará una sensación de satisfacción y valía.

Solo imagine una naranja fresca y madura. Sienta la textura en su mano mientras le da vueltas a su hermosa cáscara anaranjada con la punta del dedo. Imagine empujar su dedo índice en esa cáscara y oler el rico aroma cítrico. Puede sentir como su boca se le hace agua y algunas señales de hambre. Es absolutamente delicioso, ¿verdad? Imagine que está mordiendo esa naranja fresca y madura y que su sabroso jugo estalla en su boca. Es dulce y sublime. Tiene una imaginación vívida si puede probarla. Si no, observe cómo su cuerpo está respondiendo. Este es un ejemplo de cuán poderosa es realmente su imaginación. Tiene resultados físicos instantáneos que le han sido comprobados a miles de personas, incluyéndolo a usted, a lo largo de los años.

Esto realmente significa que usted es un ser poderoso, y que es digno simplemente por ser usted.

¡Alimente sus pasiones con su imaginación y préndale fuego a sus sentimientos de valía!

Clave siete:

¡La séptima clave es que *abra la puerta y recibas sus riquezas*! Usted puede hacer esto figurativamente (metafóricamente) o literalmente. Muchos de mis clientes han tenido los mejores resultados cuando ellos hacen esto en ambos sentidos. Utilice la puerta de entrada principal de su casa. Vaya a ella al menos una vez a la semana para saludar la prosperidad y darle la bienvenida. Puede darle la bienvenida a la prosperidad, el amor divino, la abundancia, el dinero o lo que sea que desee que entre a su casa. Hágase a un lado y mueva su mano como si estuviera mostrándole a un invitado de honor la entrada. Si realmente le gustaría ir por lo máximo, puede cantar canciones originales (creadas por usted mismo) mientras abre la puerta y le da la bienvenida a la cualidad que desea recibir. Incluso puede abrir la puerta, dar un paso a un lado, mover su mano y decirle que la acepta.

Esto permite que la Ley de Prosperidad comience a aplicar su magia en su vida. Cuando usted está en acuerdo, usted toma la decisión de permitir que la prosperidad, riquezas, amor divino, salud, alegría y dinero fluyan en su vida. Recuerde mantener un diario y anotar los éxitos mientras observa cómo su vida comienza a cambiar mágicamente.

El objetivo de esta clave es aumentar sus sentimientos de gozo y felicidad mientras toma acción. Si le gusta escribir, dibujar, hacer senderismo, andar en bicicleta o alguna otra actividad, use eso. No hay manera correcta o incorrecta en la que pueda hacer esto. Algunos métodos le funcionarán mejor que otros. Algunos trabajarán más rápido que otros. Cualquier cosa que le hace "sentir" rico y próspero, hágala con más frecuencia. Es importante observar que esto debe hacerse de forma consistente. Esporádicamente haciendo esto le dará resultados aleatorios.

Estas claves, he descubierto, me han ayudado a pasar de una mentalidad de pobreza a una mentalidad de abundancia. El cambio no es tan difícil como muchos piensan que es. La persistencia es importante, porque está desarrollando una nueva forma de vida. Cuando estos se vuelven sus hábitos naturales, usted está en el flujo de la vida.

Como niños, estamos naturalmente en el flujo de la vida. Decimos lo que está justo en frente de nosotros. Somos ruidosos, bailamos, hacemos caras, declaramos lo obvio y tenemos grandes sueños. Desafortunadamente, a medida que crecemos, si soñamos demasiado grande o con demasiadas cosas, nos etiquetan como "fantasiosos". Los adultos, los maestros y otras personas mayores comienzan a aplastar nuestros sueños y nuestra propia valía, lo que lleva a paralizar nuestra autoestima. Nos convencen de que es lo mejor para nosotros, para que "no nos lastimemos" o "terminemos decepcionados". Esto proviene de sus propias formaciones y creencias estrechas. Cada generación entrena a la siguiente. Aunque hemos crecido, evolucionado y nos hemos vuelto más conscientes en los últimos cincuenta años, aún no estamos funcionando a nuestro máximo potencial.

Como adultos, comenzamos con el mundo como nuestra ostra; a medida que envejecemos, empezamos a reducir nuestros sueños al tamaño de nuestros sueldos. Puede que usted haya reducido el tamaño de sus sueños, en lugar de aumentar su contador de riqueza interno. Me rompe el corazón cuando pienso en todas las personas creativas, especialmente mujeres como yo, que han hecho esto. Este libro está destinado a crear los cambios necesarios para restaurar su prosperidad.

Clave ocho:

La octava clave es *comenzar a seguir el camino que está pavimentado en oro* para usted.

Significado: comience a soñar un sueño más grande que el que tenía antes. Empiece a pensar en las formas en que le gustaría que fluyan su fabulosa nueva vida y sus finanzas. Tiene la oportunidad perfecta para crear una nueva vida y adquirir la riqueza para seguir sus sueños.

Infinitas posibilidades se están abriendo para usted ahora mismo. Todo lo que tiene que hacer es seguir las pistas, corazonadas y su intuición, para ser llevado a riquezas más allá de sus más descabellados sueños. Sé que esto es verdad, y nunca me he arrepentido de haber seguido mi intuición. Al contrario. Me he arrepentido de no haberla seguido. He cuestionado dónde mi intuición me estaba guiando. Incluso dudé de seguir mi intuición cuando pensé que mi vida se estaba volviendo más sombría. Fue solo mi percepción. No sabía que mi intuición me estaba guiando fuera de mi propia oscuridad y no hacia ella.

A partir de hoy, comience a esperar lo inesperado y celebre que está eligiendo soñar más grande y más brillante que antes. Cuando

el rumbo va en diferente dirección a lo que usted ha planeado, amplíese en lugar de encogerse. Cuando la economía sufre un descenso de acuerdo con las noticias y otras personas, es hora de a abrir seriamente su mente y oídos y buscar las oportunidades. Si enfoca su conciencia, puedes ver problemas que otras personas están experimentando y formas en las que puede resolverlos. Esta es una oportunidad. Si toma medidas para informarles de las formas en que puede ayudarles a resolver sus desafíos y cobrar una tarifa apropiada por los resultados, nunca estarás sin dinero.

¿Alguna vez ha conocido a una persona tan llena de vida que casi resplandece? ¿Alguna vez se ha preguntado qué pasa con eso? ¿Le gustaría comenzar a brillar intensamente y a manifestar como un multimillonario? Yo lo hice cuando comencé este recorrido. El secreto está en elegir convertirse en esa futura persona que está deseando ser. Hace esto mediante su propia musa personal.

Clave nueve:

La novena clave es *sintonizarse con sus vibraciones de riqueza*. Esto significa que toma conciencia de que tiene una musa de dinero. De que es completamente posible convertirse en un imán de dinero; incluso si nunca ha sido uno antes, o si fue uno pero lo perdió de alguna manera. Todo es parte de nuestras lecciones para estar abiertos a recibir y ser sintonizados a nuestras propias riquezas. El objetivo es comprender las fluctuaciones de sus vibraciones de riqueza. Cuando sienta los giros y vueltas de su dinero, podrá navegarlos mejor. Tomará mejores decisiones y notará cambios sutiles. Para comenzar a notar estos cambios, cierre los ojos y respire profundamente 5 veces. Mientras sienta el aire que entra y sale de su cuerpo; sienta la energía que le rodea. Identifique como se siente. A medida que inhala y exhala, concéntrese en su ritmo cardíaco. Si su mente sigue formulando distracciones, cuente los latidos de su corazón. Preste atención a cómo el aire fluye desde la parte superior de su nariz y alrededor de sus fosas nasales al entrar, y cómo parece fluir hacia abajo como un avión a medida que sale. Note que en este mismo momento, todo es maravilloso. Enfóquese aún más en este momento y, mientras respira, sienta que su cuerpo responde a su respiración. Yendo más profundamente en su respiración, sienta cómo los vellos de su cuerpo tienen sensaciones. Sienta cómo los muebles le apoyan y cómo se le hace posible bajar su guardia.

Cuando está completamente presente en el momento, puede darse cuenta de que usted es un poderoso ser creativo. Cuando se mantiene presente en el momento, está en su estado más poderoso. Es la brecha entre los pensamientos lo que crea milagros y magia en su vida. Es un oasis de todas las potencialidades.

Al hacer este ejercicio de respiración más a menudo, se volverá más viviente, sintonizado, consiente y activado. Esta es la puerta al infinito; un océano de infinita riqueza, potencial, amor divino, libertad, y mucho más... Este espacio es de donde todas las mejores ideas han surgido; donde podrá ir y crear su santuario. Este espacio le lleva a tomar decisiones firmes y atenerse a ellas.

En nuestra última clave, usted toma la decisión de mantenerse firme en crear una vida bajo sus propios términos, mientras vive sus sueños.

Clave diez:

La décima clave es *tomar la decisión de aceptar dominio* sobre su vida, dinero, finanzas, relaciones, cómo se siente y su salud. **La prosperidad es suya por derecho divino**. La opulencia es para todos nosotros en esta vida. Haga la llamada y dé la orden para que la manifestación abundante fluya en su vida. Es su elección el ordenar a la prosperidad en su vida; recibir y aceptar regalos esperados e inesperados, o no. Teniendo fe de que la prosperidad está llegando a usted, el reclamarla y estar agradecido por ella la hará llegar más rápido. Esto también significa bendecir las pequeñas cosas que tienen lugar; encontrar monedas de centavos, de veinticinco y de diez son un signo. Ver a los demás cerca de usted experimentar la prosperidad es una señal de que ella viene rumbo a usted. Notará cuánta abundancia está realmente esperando a que usted le reciba.

Incluso si en este momento su mente le está diciendo algo diferente, ajuste sus pensamientos y reitere lo que desea ver en su vida. Enfocando sus pensamientos, energía, palabras y acciones en una dirección, traerá lo que desea a su vida. Si espera recibir diez mil dólares, ya están en camino. Obtendrá pequeñas cantidades. Si continúa documentando y recibe las pequeñas cantidades con gratitud, fluirán en un ritmo. He notado que uno de los mayores errores que cometen las personas es asumir que todo llegará de una sola vez. Otro error es actuar como si no van a ganar más dinero en el futuro. Toman una actitud de: "Esto es todo lo que tengo hoy. Por lo tanto, esto es todo lo que jamás tendré." Vuélvase

atento a sus pensamientos. Guiase usted mismo hacia una actitud de confianza en el futuro. Además, no base su alegría en resultados como: "Si gano la lotería, entonces seré feliz". Las leyes naturales de la prosperidad no funcionan de esa manera. Eso es lo opuesto a la ley. Si es feliz y tiene una gran unión emocional y vibratoria, recibirá la riqueza que desea. El truco es permitir que el flujo de su riqueza venga de todas direcciones. Es decir, podría encontrar dinero mientras hace mandados/quehaceres o podría obtener un reembolso inesperado. O encuentra dinero perdido u oculto del cual no sabía nada. Personalmente, he ido a sitios web estatales que proveen un listado de dinero perdido que ha sido entregado a las autoridades y he encontrado varios cientos de dólares. También he encontrado dinero perteneciente a amigos y familiares en pólizas de seguro que habían olvidado o de parientes que ellos no sabían que habían fallecidos.

Usted elije a dónde quiere que esto lo lleve. Su imaginación es el límite, y su imaginación no tiene límites reales. Mire en todas partes; no deje piedra sin mover. Está en una búsqueda de tesoro y el Universo le dará pistas sobre dónde se encuentran sus fortunas.

Capítulo 6: Por Qué La Prosperidad Parece Ser Tan Difícil De Alcanzar

Todos queremos prosperidad. Todos la deseamos. Pero tenemos muchas dificultades para conseguirla... ¿Por qué es eso?

Muchas escrituras antiguas nos dicen que todos recibimos bendiciones. Afirman que la riqueza y la prosperidad son nuestros derechos de nacimiento como humanos. Que si vivimos una vida plena y humilde, si obedecemos esto o hacemos aquello, podemos contar con su plenitud. Sin embargo, estas escrituras generalmente hablan de estas bendiciones en parábolas: mensajes crípticos, los cuales casi nadie entiende. Algunos dicen que si desea algo, le será concedido. Otros dicen que debe afirmar que quiere lo que desea. Esto lleva a muchos de nosotros a afirmar "Quiero prosperidad" o "Quiero _____" (complete el blanco).

La parte difícil es que cuando usted dice que quiere algo, su subconsciente (El Infinito, Dios, El Ser Superior, el Universo - use la palabra que se ajuste a sus creencias) toma sus palabras en su significado literal.

Como resultado, las personas obtienen lo que piden: *el profundo deseo de querer algo que parece estar fuera de su alcance*. Cuando usted recibe exactamente lo que ha pedido, puede decir: "Bueno, eso *es* lo que pedí, pero eso *no* es lo que quise decir". Y entonces usted se encuentra siempre queriendo más. También tiene muchas cosas sucediendo dentro de su mente que no conoce. Estas otras cosas son pensamientos, palabras y respuestas emocionales de otras personas, escondidas en su subconsciente.

¿Qué Crea Su Realidad Actual?

Ha habido muchos estudios, pruebas y opiniones sobre *qué* crea nuestra realidad actual. El mayor avance en esta área fue a principios de los 1900s por un pionero en el campo de la *"Modificación de Conducta Cognitiva"*. Este trabajo pionero fue desarrollado por el Dr. Thurman Fleet. Su trabajo en el ámbito de "Concept-Therapy" validó que si una persona cambia su forma de pensar, toda su vida cambia. En lo personal, yo puedo validar que esto ha sido cierto en mi vida. Esta misma teoría ha sido expresada de muchas maneras durante miles de años. Llega al núcleo de cómo su realidad es creada. Para explicar sus hallazgos, el Dr. Fleet, utilizó figuras de palito para expresar cómo la mente activa y la mente subconsciente crean nuestras experiencias de vida. En los siguientes ejemplos, le mostraré cómo nuestro pasado ha creado nuestros resultados actuales. Esta útil información es para darle una comprensión de los mecanismos.

Cómo Los Pensamientos Pasados Crearon Sus Resultados Actuales

La mente subconsciente crea nuestra realidad actual a partir de la información del pasado. Toma las palabras a su significado literal. Anteriormente mencioné que cuando *quiere* algo usted crea un patrón de *querer* siempre.

Esto se debe a que la palabra *querer* implica un deseo insatisfecho. El subconsciente no cuestiona ideas, y no entiende lo que significa la palabra NO. Su mente subconsciente no puede distinguir la diferencia entre lo que es real y lo que es imaginario.

La mente consciente es su mente pensante. Es la parte de nosotros que puede ser educada y permite que sus decisiones conscientes elijan los pensamientos, opiniones e ideas de otros. La mente consciente programa la mente subconsciente mediante el uso de pensamientos repetitivos y experiencias. Mientras más fuerte sean sus emociones causadas por una experiencia, más profundamente están arraigadas en su subconsciente. Esta es la razón por la cual muchos de nosotros desconocemos lo que realmente está sucediendo dentro de nuestras mentes. Especialmente si hemos tenido experiencias traumáticas cuando éramos más jóvenes. Estas experiencias continuarán repitiéndose una y otra vez, hasta que podamos resolver la primera circunstancia de las experiencias. Una vez que sanamos nuestro ser fracturado, somos capaces de elegir, conscientemente, diferentes experiencias.

Hay muchas maneras de integrarnos en la totalidad. Los métodos por los cuales le guiaré, le ayudarán a reescribir su mente subconsciente con facilidad. Existen muchas maneras de reescribir el subconsciente; no hay solo uno modo correcto. Algunos métodos le funcionarán a usted mejor que otros. Puede usar técnicas de relajación, como la meditación y la hipnoterapia. Puede usar música; cantando canciones, inventando las suyas y/o usando movimientos corporales y bailando. Puede concentrarse en afirmaciones y mantras positivos o tenerlas continuamente como "música de fondo" mientras hace otras cosas. Mientras más fuerte sea su deseo de hacer cambios, más rápidos y permanentes serán esos cambios. Después de haber reescrito los programas deseados, tome en cuenta con que alimenta su mente y haga mantenimiento mental.

Muchos de nosotros crecimos con padres que no sabían cómo programar sus mentes para crear resultados deseables. A mi familia no se le enseñó cómo cambiar su realidad. Yo me independicé a los diecisiete años y tuve que descifrarlo. En esos tiempos no había internet, teléfonos inteligentes o librerías masivas donde yo vivía. Yo me negué a vivir la realidad en la que crecí, así que me mudé de mi pequeño pueblo a la ciudad grande más cercana cuando tenía dieciocho años. No estoy sugiriendo que necesite moverse para poder lograr sus cambios. Esto es algo que yo hice, porque no podía imaginar vivir mi vida bajo la normalidad aceptada de estar "*descalza y embarazada*". Aunque me mudé a una ciudad más grande, esta creencia ya estaba arraigada en mi mente. Quedé embarazada cuando tenía veinte años. Pude vencer esta creencia trabajando, pero seguía teniendo un sistema de creencias basado en la pobreza; inculcado tan profundamente, que me mantuvo al borde del desamparo. Cuando mi hijo comenzó a comer alimentos sólidos, mi suministro de alimentos disminuyó hasta el punto que estaba comprando galletas para alimentarlo. Estaba enojada y frustrada. Porque estaba trabajando a tiempo completo, no calificaba para recibir cupones de alimentos. De acuerdo al Sistema Gubernamental, yo estaba ganando demasiado dinero. Sin embargo, no estaba ganando lo suficiente para pagar el alquiler y tener comida en la mesa. Las tarjetas de crédito no eran aceptadas en los supermercados o para pagar servicios públicos. A pesar de todo, nunca le permití a mi hijo pasar hambre. Muchas cosas se me vinieron a la mente, hasta que finalmente sentí un profundo dolor emocional que destrozó mi realidad. Fue entonces cuando juré que nunca estaría en esta situación otra vez.

**El primer paso que debe tomar para cambiar
sus circunstancias es el tomar la decisión
de que encontrará soluciones.**

Esta decisión tiene que ser lo suficientemente fuerte como para que lo haga automáticamente cuando eventos se acerquen a desafiarle.

En esta próxima sección, le guiaré a través de valiosas formas que le ayudarán a llegar a la raíz del por qué su negocio actual y su estilo de vida no son como usted desea.

Cómo Descubrir Cuáles Son Sus Pensamientos Actuales

Primero, veamos dónde están sus pensamientos y cuáles son los sentimientos asociados con esos pensamientos. Tómese un momento y piense en su programa de televisión favorito durante su infancia. El mío era *Gilligan's Island*. Todavía puedo escuchar el tema de la canción. Recuerdo que solía sentirme triste cada vez que esos náufragos casi salían de la isla, solo para que algo saliera mal y fallaran nuevamente. Si vivió en los EEUU, ¿recuerda el programa *Cheers*? O tal vez su programa favorito fue *Knight Rider*. Quizás recuerde *Gun Smoke* o *Howdy Doody*. Como mencioné antes, mientras mayor sea la respuesta emocional a una experiencia, más profundamente va al subconsciente. Esta es una razón por la cual algunas personas no pueden deshacerse de sus traumas infantiles o pesadillas al ver películas de horror. Algunas cosas que nuestros padres u otras personas que nos importaban nos dijeron cuando éramos niños, lo interpretamos como desaprobación; ahora como adultos intentamos obtener la aprobación de todos. Puede que respondamos con miedo al conflicto, o complaciendo a los demás mientras colocamos nuestro propio bienestar en segundo plano.

¿Qué sentimientos tiene cuando piensa en sus programas favoritos? ¿Pensó sobre un programa y ahora experimenta sentimientos por causa de ese pensamiento? Interesante, ¿no? Tal vez a veces recuerda imágenes y escenas, pero no recuerda de qué película o espectáculo provienen. Piense en un comercial de su restaurante favorito. ¿Puede casi probar su plato favorito? ¿Se le hace agua la boca? ¿Le hace sentir hambre?

¿Notó que primero pensó en su plato favorito, luego sintió que se le hizo agua la boca, y luego se sintió un poco hambriento? Este proceso es casi instantáneo y, si no le presta atención, podría pensar que antes tenía hambre. Si usted ha experimentado alguno de los recuerdos o sentimientos que mencioné, ¡me gustaría felicitarlo! ¡Es un estudiante A ++! Ha aprendido que su mente puede ser alimentada con algo y retenerlo durante muchos años... incluso toda una vida.

Ahora, piense que su mente es como un exuberante jardín, o una increíble computadora que recibe información, la conserva y le da una salida. Usted puede ser más selectivo sobre lo que pones en su jardín o computadora (es decir, su mente) estos días. Cuando usted era más joven, realmente no tenía idea de cuál información era buena y cuál era mala. Sentía curiosidad por el mundo que le rodeaba y quería aprenderlo todo. Aprendió de su entorno, cuidadores, amigos, escuela, etcétera. Toda la mala información que aceptó durante ese tiempo afectó su programación, pero usted tiene el poder de desaprenderse de lo que aprendió. Lo felicito por dar el primer paso creando el fabuloso negocio y estilo de vida que siempre ha deseado. No es tan difícil como podría pensar: solo tiene que reescribir sus programas una vez, y luego tener cuidado con la información que acepte para realizar el mantenimiento. Realmente no es tan difícil una vez empiece. Su mente es un músculo. Al principio, cuando comience a hacer ejercicios diferentes y a los que no está acostumbrado, puede experimentar algo de resistencia. Esto se desvanecerá en un sentimiento de estar renovado y entusiasmado con lo que elija crear después.

Comencemos con un ejercicio simple para ver lo que ha aprendido de sus experiencias pasadas, para que pueda identificar sus pensamientos y sentimientos personales actuales. Estos son generalmente comportamientos, pensamientos, palabras y acciones de otros; pueden ser difíciles de reconocer. Imagine que está a punto de hacer algo que uno de sus proveedores de cuidado infantil desaprobaría. ¿Todavía se siente un poco incómodo? ¿Escuchó *sus palabras* (las de su proveedor de cuidado) en su cabeza?

Veamos qué está pasando realmente en su mente.

Ejercicio 1: Ejercicio del Jardín.

Tome su diario y escriba las respuestas a lo siguiente. Visualice su mente como un jardín. Cierre los ojos y respire profundamente un par de veces.

Pregúntese: *"¿Qué hay en mi jardín mental?"*

Abra los ojos y escriba todo lo que perciba, vea, sienta u oiga.

Este ejercicio del jardín le ayudará a descubrir qué hay en la superficie de su subconsciente; ¿Descubrió que surgieron cosas sorprendentes?

El próximo ejercicio le ayudará a descubrir qué existe aún más profundamente en su subconsciente de lo que acaba de descubrir en la superficie.

Ejercicio 2: Ejercicio de la Tarjeta Índice.

Necesita una tarjeta índice de 3» x 5", una aplicación de bloc de notas/libreta/cuaderno en su teléfono celular, o un diario. Asegúrese de tener acceso a lo que decida usar por los próximos seis días.

Escriba una fecha en la parte superior de la tarjeta. Debajo de la fecha haga cuatro columnas. Etiquete la primera columna Positivo, la siguiente Negativo, la tercera Feliz y la última Triste. Siéntase libre de usar otras palabras.

Así es como hice la mía:

fecha

positivo	negativo	contento	triste

Este método es para que pueda darle seguimiento a sus pensamientos y cómo estos le hacen sentir. Anótelo en la tarjeta. A mí me gusta usar recuentos (como este: ||||) para seguir el mío, pero puede usar lo que se adapte a su estilo. Si tiene una respuesta fuerte a algún pensamiento, escríbalo en la parte posterior de la tarjeta. Esto le ayudará a saber desde qué punto está empezando, para que sepa a dónde quiere llegar. Sería difícil llegar a su destino si no conociera su punto de partida.

Durante los primeros tres días, preste atención a sus pensamientos e identifíquelos marcando su tarjeta o recontándolos usando el método de su elección. Durante los próximos tres días, cada vez que piense en algo que no le gusta o no desea manifestar, presione suavemente el punto entre sus cejas con su dedo índice. Este punto se encuentra entre sus cejas y la parte superior del puente de su nariz. Está debajo de su tercer chakra, el Chakra del Tercer Ojo. Gentilmente, utilice este punto de expulsión para cualquier pensamiento no deseado para el cual los otros métodos no funcionaron. Presiónelo tantas veces que quiera. Sin embargo, sea gentil cuando lo haga. Conscientemente, diga una palabra como "detente", "expulsado" o "cancelado". Puede también decir: "¡Fuera de mi cabeza!". Utilice lo que sienta será más efectivo. Entonces haga una marca en su tarjeta.

Si su mente tiene pensamientos acelerados que no puede controlar, tápese los oídos. Colocando su mano derecha en su oreja derecha y su mano izquierda en su oreja izquierda, diga con firmeza: "¡Silencio!". Puede que tenga que hacer esto varias veces seguidas, varias veces al día, hasta que su mente se aquiete lo suficiente como para expulsar sus pensamientos no deseados.

Recuerde: su mente, como un músculo, responderá a los comandos. Una vez que obtenga control sobre sus pensamientos negativos o acelerados, su vida comenzará a fluir con más facilidad y gracia. Esto se debe a que se volverá más consciente de lo que está sucediendo a su alrededor, y podrá actuar de antemano. Sé que esto es verdad. Por ejemplo: porque mi mente se volvió más silenciosa, pude notar que mi auto estaba haciendo un sonido inusual. Esto me salvó de potencialmente quedarme varada, porque llevé mi auto a la mecánica. Encontraron un problema con las bujías fallando al encendido, lo que significaba que mi automóvil podría no arrancar correctamente en cualquier momento. A medida que su mente se vuelve más silenciosa, usted se vuelve más consciente. Esto literalmente puede salvarle la vida. A medida que se vuelve más proactivo sobre sus pensamientos y sentimientos, podrá observar ligeros cambios en su entorno. Estos continuarán y, eventualmente, usted notará algunos cambios significativos. A veces, pero no siempre, estos cambios pueden verse o sentirse un poco caóticos. Esto es natural. Al lado izquierdo racional de su mente consciente no le gusta el cambio. Manténgase fuerte, ya que es un signo seguro de que cosas buenas están por llegar, pero las cosas negativas deben ser eliminadas primero.

A medida que se vuelve más positivo, su energía vibra a una frecuencia más alta. Las emociones de alta frecuencia se conocen como amor, gratitud, amabilidad, paz, riqueza, prosperidad, etcétera. Las vibraciones más bajas están asociadas con la ira, depresión, miedo, odio, etc. Sus pensamientos afectan directamente cómo usted se siente. Al elevar sus pensamientos positivos, ya no tendrá más resonancia con las situaciones que son de una vibración más baja. Puede notar que el Universo está despejando la negatividad fuera de su vida. Esto puede incluir personas, lugares y cosas que ya no le sirvan o beneficien. Comprenda que las cosas buenas están en camino, incluso si las cosas no parecen de esa manera. Todo tiene un orden divino, y esto le ayudará a regresar a un espacio donde se restablece su equilibrio. Su estado natural es de ser feliz, saludable y rico. Observe a niños jugando, riendo y disfrutando de sí mismos; recuerde que una vez usted fue así también. Cuando toma control de sus pensamientos y reescribe lo que está en su subconsciente, usted vuelve a su estado natural de ser.

Si nota que sus pensamientos negativos le toman por sorpresa o está comenzando a sentirse irritable y malhumorado, está chocando contra un fuerte sistema de creencias. Continúe trabajando con esos pensamientos, pero esta vez tómese un momento y pregúnteles cuándo fue la primera vez que se sintió así. Esto puede llevarle a otro momento cuando era más joven, o tal vez a un lugar desconocido. Permanezca con ese pensamiento, y permítase validar esos sentimientos. Aquí es cuando sus pensamientos lo toman desprevenido. Puede comenzar a reprenderse a sí mismo. Puede decirse a sí mismo que es estúpido y que 'debería haber' sabido mejor. Analice más profundamente el sentimiento de 'debería haber' y pregunte nuevamente cuando fue la primera vez que lo sintió. Esta vez, permítase ir a ese momento con compasión por sí mismo. Permítase decirse a sí mismo: "Yo cometí un error y me perdono a mí mismo por haber cometido un error. Todos cometemos errores. Yo disculpo mi error a partir de ahora."

Ahora imagine que se mueve al momento presente, permitiéndose ser libre de sus propios juicios. Tenga en cuenta que esto se siente restrictivo y que puede ser más cuidadoso consigo mismo y con los que le rodean. A medida que se vuelve más consciente de sus pensamientos, notará cuán rápido forman la realidad a su alrededor. Cuando cambia sus pensamientos, su mundo comienza a moldearse por las nuevas señales que usted le está enviando.

Capítulo 7: Cambie Sus Pensamientos Y Cambie Su Mundo

Nuevamente imagine su mente como un jardín. Imagine que sus pensamientos negativos son *malas hierbas/maleza* que se han desbocado en su exuberante y hermoso jardín. Imagínese recorriendo su jardín y sacando las malas hierbas que se han apoderado de él. Estas malas hierbas representan pensamientos negativos que ha tenido. Imagine que está quemando estas malas hierbas en un barril o un incinerador, para que no vuelvan a o puedan reproducirse. Ahora, imagine las áreas de donde saco las malas hierbas como un suelo fresco y fértil donde puede elegir lo que desee plantar. Puede elegir una huerta, un jardín de árboles frutales, de hermosas flores y cualquier otra cosa que le atraiga. Este nuevo jardín podrá brotar y florecer en un exuberante oasis que le brindará innumerable prosperidad, riqueza y abundancia, o lo usted desee. Sí, puede tenerlo todo. Es posible que no pueda tenerlo todo de una vez, pero podrá obtener sus verdaderos anhelos. Si piensa que tenerlo todo no es posible, o que requiere hacer un intercambio, ese pensamiento es una pequeña y astuta maleza. Usted puede tener lo que realmente desea, si es firme sin vacilar. Piense que esto es como una cena. No querría comerse un mes entero de comida en una sentada, ni sería capaz de soportar todo lo que desea de una vez. Algunos pensamientos son un poco difíciles de determinar si realmente son malas hierbas o no. Si nota que un pensamiento es de "si tengo esto, entonces aquello sucederá", es un pensamiento con truco de una mentalidad de "esto o aquello"; una mala hierba. Este comportamiento aprendido demolerá su autoestima de una manera sutil. Puede desmoralizarlo para que se comporte de maneras mediante las cuales se sabotee a sí mismo, sin que se dé usted cuenta. Como un ejemplo del "si esto, entonces eso", los pensamientos generalmente aparecen como: si hace lo "correcto" o "juega bien sus cartas", entonces será recompensado con lo que quiera. El truco es que está creyendo en una distorsión de la verdad. Es cierto que obtiene lo que quiere algunas veces, reforzando la distorsión. Pero resulta ser un engaño, puesto que no recibe cosas que conducirían a mayores avances para usted.

Otros pensamientos peligrosos son el A o B. Estos pensamientos son similares a los que estábamos discutiendo anteriormente, pero le impiden recibir su bien total. Es como decirle a un niño que solo puede tener helado de vainilla o helado de chocolate, pero no puede mezclarlos para hacer un "swirl". A medida que se convierte en un adulto, esto se distorsiona en una mentalidad de "esto o aquello".

Un ejemplo que muchos de mis clientes han expresado es: "Tengo que elegir entre trabajar largas horas para hacer buen dinero o pasar tiempo con mi familia". ¿Puede ver cómo este tipo de pensamientos le conducen por un camino agotador de culpa, vergüenza y frustración? Miles de personas viven vidas completas mientras trabajan horas razonables. Ellos tienen buenas carreras o negocios exitosos, mientras experimentan riqueza, felicidad y éxito, *y* tienen tiempo para pasarlo con sus familias.

Volviendo a su hermoso jardín. Imagínese plantando semillas de plantas exuberantes y vibrantes. Nómbrelas como cosas que desea.

Por ejemplo, plante una hilera de árboles y llámelos 'mis árboles de dinero'. Usted puede plantar papas doradas y nombrarlas 'para recibir tesoros de oro'. Diviértase usando una afirmación para representar cada semilla que siembre.

Algunas afirmaciones que uso incluyen:

~ Recibo dinero de todos lados y de todos.

~ Mis semillas de 'bondad' brotan y florecen en mi vida.

~ Soy bendecida todos los días en todos los sentidos.

~ Más prosperidad fluye a mi vida de la que sale.

~ Permito que los tesoros de mi alma fluyan hacia mí, hoy.

~ Donde sea que esté, haga lo que haga, la prosperidad fluye fácilmente hacia mí.

~ Veo la abundancia a mí alrededor y abro mis brazos para recibirla.

~ El dinero fluye abundantemente hacia mí. Abro las manos y lo veo justo delante de mí, ahora.

~ Constantemente se me presentan nuevas oportunidades y éxitos.

~ Hoy es un día rico en oportunidades, y abro mi corazón para recibirlas.

~ Soy una con mi fuente y la abundancia viene a mí sin esfuerzo.

~ Es mi momento y estoy lista para el siguiente paso.

~ Todos los días y de todas las maneras me siento cada vez mejor.

~ Hoy reclamo todo lo que es mío por derecho divino, y me abro totalmente para recibirlo.

~ Entro a mi nueva vida que he elegido, con facilidad y gracia.

~ Tengo todo el tiempo, dinero y energía para hacer lo que quiera.

Si necesita más ideas para afirmaciones positivas, busque en YouTube o Internet. Encontrará afirmaciones para casi cualquier área que se le ocurra. Yo encuentro todo tipo de afirmaciones, audios de hipnosis, y mucho más, utilizando palabras clave en la barra de búsqueda de YouTube o Google. También puede comprar cualquiera de los numerosos libros sobre afirmaciones. La clave es poner emoción detrás de las afirmaciones. Diciendo las afirmaciones en un tono seco y no emocional hará que no funcionen. Y si lo hacen, lo harán de una manera muy débil. Recuerde: experiencias de alta carga emocional y respuestas se profundizan en el subconsciente donde se crea su realidad. Póngase en un estado alto de felicidad antes de comenzar a usar sus afirmaciones. Escuche música inspiradora/motivadora, baile, cante o vea videos. Haga lo que sea necesario para hacer que usted mismo se sienta feliz. Usted tiene el poder de cambiar su mundo y comenzar a experimentar libertades, dinero y alegría más allá de sus sueños más descabellados. Empiece hoy, y todos los días reafirme que continuará. Cuando esto se convierta en un hábito diario, notará que los cambios suceden rápidamente.

Ahora que tiene una idea de lo que está actualmente en su mente y su jardín, usted puede hacer cambios mucho más fácilmente. Tiene afirmaciones para ayudarle, y tiene las opciones de lo que le gustaría manifestar primero. Para comenzar a probar su capacidad de manifestación, comience con cosas simples que serían fáciles de obtener. Mientras construye su músculo de manifestación, puede pasar a deseos más elaborados. La razón por la que comienza con deseos más pequeños es para que pueda comenzar a tener más fe. Obtenga o haga un mural de visión. Coloque lo que desea en un lado y anote lo que se han manifestado en el otro lado. Use notas post-it en el tablero, ya que puede moverlas del lado de Deseado al lado de Manifestado. Esta ayuda visual le ayuda a sentirse más en control de crear la vida que desea, en lugar de vivir de una forma predeterminada y reaccionando a todo lo que aparece. Usted tiene el poder de elegir como responder: con gracia y facilidad o con caos emocional.

¿Qué semillas de deseo quiere plantar para el futuro?

Ejercicio 3: El Ejercicio de Paradigma.

Tome su diario y escriba las respuestas a lo siguiente:

Enumere lo que le gustaría plantar en su jardín: en quién quiere convertirse y lo que quiere ser, lo que quiere hacer y lo que quiere tener. Esta es su lista de SER, HACER y TENER. Es importante que empiece esta lista con qué y quien quiere ser. Desde un estado de ser, indique lo que desea hacer. Finalmente, desde el ser y hacer, lo que desea tener. El paradigma masculino es el de "tener, hacer, ser". Esto comienza a desvanecerse a medida que la competencia se desvanece en cooperación. Nos estamos moviendo hacia un tiempo de energía femenina donde comenzamos a nutrirnos a nosotros mismos. Desde el espacio de ser, lo hacemos, y como resultado, tenemos. Este nuevo paradigma es más natural en la forma en que el mundo realmente funciona, y hará, como resultado, que su copa interior fluya. Este flujo le permitirá dar desde un espacio de abundancia, en lugar de un espacio de agotamiento.

Regrese al ejercicio de la tarjeta índice y tómese un tiempo para revisarla. Pregúntese: "¿Es esto realmente lo que quiero en mi vida?" "¿Son mis pensamientos y sentimientos actuales los qué deseo?" Con este ejercicio, usted podrá observar y descubrir la raíz de los problemas, para que pueda cambiarlos. No se sienta mal si sus pensamientos al azar aún no reflejan sus verdaderos deseos para su negocio o estilo de vida. Durante muchos años ha vivido aceptando los sistemas de creencias, paradigmas y malos comportamientos hacia usted de otras personas. Ha estado en una especie de niebla durante mucho tiempo; no estaba consciente de que estas cosas estaban sucediendo en su mente. Sea gentil consigo mismo, porque está en un ciclo de aprendizaje. Además, debe reconocer que es realmente un estudiante A ++.

Continúe usando las tarjetas índices; cancele cada pensamiento que no desee y reemplácelo con uno que sí quiere. Use las afirmaciones positivas mencionadas anteriormente o cree las suyas. Puede usar genéricas como: "Las cosas buenas son las que me suceden todo el tiempo." o "Aunque puedo temerle al cambio, me permito explorar las cosas buenas de la vida." Para que tengan un efecto máximo, use afirmaciones positivas primero cuando se despierte y justo antes de acostarse a dormir. Ponga afirmaciones positivas en YouTube o su teléfono celular y úselas como música de fondo mientras se prepara para su día. Evite ver programas negativos o las noticias en la mañana y antes de irse a la cama, pues es cuando usted está más susceptible a ser programado.

Puede que se sienta más cansado de lo habitual. Esto es normal, ya que estás *reescribiendo* los programas que han estado funcionando en su mente subconsciente durante mucho tiempo. Esto puede ser un poco difícil al principio, pero no se rinda. Le prometo que será más fácil a medida que continúe. Eventualmente, solo tendrá que hacer mantenimiento. Continúe con el buen trabajo y perdónese a si mismo rápidamente si falla.

La persistencia siempre gana. Esto es un cambio de estilo de vida. No es algo que hace un par de veces y listo. Preste atención a como su vida comienza a cambiar poco a poco. Enfóquese en los pequeños cambios que le emocionan. Busque y aprecie las formas en las que el Universo le está trayendo bienestar a su vida. Usted es un creador, y este libro le ayudará como un manual de instrucciones. Use estas señales para motivarle a continuar el proceso. Especialmente continúe cuando las cosas estén en su mejor momento. Cuando comenzamos a volver a nuestros viejos hábitos o actitudes, comenzamos a perder cosas sin saberlo. Yo he cometido este error varias veces, y es doloroso cuando un deslizamiento lleva rápidamente a una avalancha.

Usted tiene una nueva oportunidad, y puede tomar la dirección que desee. Este proceso le abrirá a un sinnúmero de posibilidades.

Recuerde: usted se convierte en lo que piensa y cree. Sus pensamientos (ambos conocidos y *des*conocidos) crean las experiencias en su vida. Escuche atentamente lo que *dice* consciente e *in*conscientemente. Esto le ayudará a dar forma a todo su mundo. Va a comenzar a creer sus afirmaciones positivas y sus afirmaciones de vida. Sea consistente, y trabaje en ello a diario, para cosechar los mejores resultados. Las creencias son pensamientos que usted piensa una y otra vez, las cuales tienen una carga emocional. A través de un trabajo consistente, al cambiar sus creencias, puede desarmar estas cargas emocionales.

Su punto de poder está en este mismo momento. Cuando se distrae con pensamientos del pasado o preocupaciones sobre el mañana, no está en su punto de poder. Deténgase y escuche su respiración. Recuérdese a sí mismo: "Todo está bien en mi mundo en este momento". Ahora es el momento de darse cuenta de realmente cuán poderosos son sus pensamientos y cómo crean sus sentimientos y sus percepciones del mundo a su alrededor.

Este proceso lo cambia: de reaccionar con emoción a responder con facilidad.

Desde cada punto de poder, usted puede crear su destino de manera predeterminada a través de pensamientos aleatorios/al azar, o puede diseñar conscientemente sus negocios y estilo de vida deseados con facilidad. La creación consciente le permitirá notar una abundancia de oportunidades, y esto le proporcionará pistas sobre su destino. Usted está aquí con una misión divina, y *tiene* un propósito. A medida que su vida se desarrolla, puede elegir vivirla por diseño, en lugar de predeterminación/por defecto.

Si se siente abrumado, tómese unos momentos para respirar y dese permiso para detenerse por unas horas. Entonces decida trabajar más duro hasta que vea más resultados en su vida. Los resultados podrían incluir: más dinero, ventas, ideas creativas, mejores auto cuidados o relaciones; como sea se sienta exitoso. A veces, sentirse abrumado es una respuesta natural al cambio y a una sobreabundancia de opciones. Usted se ha acostumbrado a sus formas automáticas de pensar y reaccionar. Este trabajo le ayudará a descubrir otras formas; usted puede elegir adoptarlas o adaptarlas según sus deseos. Con todo cambio, incluso buen cambio, hay una cierta cantidad de angustia y confusión. Recuerde: le ha tomado mucho de su vida para *aprender* a sentirse pequeño e impotente, tomarse las cosas en forma personal, perder su respeto propio y permitir que otros lo deshonren. Algunos de estos pueden no aplicarle; quizás haya aprendido a ser un triunfador o un perfeccionista. Si está leyendo esto, estoy segura de que podrá crear cambios duraderos en su vida. Este no es un método loco que solo pensé por mí misma. Lo he puesto a prueba minuciosamente durante más de veinte años. Puede encontrar libros sobre esto que se remontan a varios cientos de años. No es algo convencionalmente enseñado. Incluso si ha visto películas sobre la Ley de la Atracción, omiten explicarle sobre las otras circunstancias requeridas para que esa ley funcione para su mayor beneficio. Es posible que haya pasado años viviendo el complejo de niño bueno, donde cree que debería estar contento con lo que tiene porque "las cosas podrían ser peores". Pero todavía siente un hueco o vacío en su interior; sentimiento del cual simplemente no se puede deshacer. Es esa parte de usted que quiere ser más grande, más brillante y más feliz que nunca. Está buscando respuestas, porque su verdadero ser, su ser del alma, está despertando. Está cuestionando la forma en que se han desarrollado sus negocios y su vida. Está resistiendo el sistema y los años de programación impuestos por otros. Esta programación lo ha mantenido en un estado de animación suspendida, pero usted siente que está volviendo a vivir. Esto se debe a que está despertando a un infinito de posibilidades y su verdad personal. Hasta ahora, usted olvidó cómo ser un ser espiritual divino que es abundante y rico con infinitas posibilidades y que tiene a su disposición todos los recursos necesarios para tener éxito. Para seguir dándole vida a su ser espiritual, continúe trabajando en estos ejercicios. Cuando sienta que ya no necesita la tarjeta índice, continúe usando un diario y documentando su recorrido. Dele seguimiento a sus sueños más grandiosos; recuerde anotar sus logros y celebrar cada nuevo paso que tome. Nunca se sabe cuándo estas notas se convierten en un libro más vendido. La mayor parte del trabajo en este libro proviene de artículos que tengo escritos, entrenamientos que creé y de mis propios diarios personales. Este trabajo ha facultado a muchas personas a obtener más dinero y libertad, experimentando más alegría que nunca. Una vez que descubra su punto de partida, usted puede avanzar hacia el objetivo de tener una conciencia de riqueza.

En la siguiente sección, discutiré cómo desarrollamos nuestras creencias sobre el dinero, las riquezas y la prosperidad, y lo que puede hacer para desarrollarlas.

Capítulo 8: Introducción A La Conciencia De Riqueza

Durante la mayor parte de la historia, ha habido un contraste percibido entre aquellos que tienen riqueza y los que no. Esta separación se volvió más y más en una brecha cuando el mundo se industrializó. Otra brecha es la división entre hombres y mujeres cuando se trata de ganar dinero. Tradiciones se desvanecen a medida que más mujeres se apropian de su dinero y riqueza.

Actualmente, hay más mujeres emprendedoras y empresarias que en el pasado. Estas mujeres están brindando cooperación y colaboración al mundo, en lugar de la competencia anteriormente aceptada. Usted puede ser una de ellas.

Las luchas que muchos de nosotros enfrentamos cuando se trata de dinero provienen de sistemas de creencias falsos, medias verdades y malentendidos. El dinero es necesario, y también lo es la riqueza. Es más fácil usar monedas y papel moneda como pago por bienes y servicios, de lo que es intercambiar granos, oro u otros productos. El dinero ha sido llamado muchas cosas y, sobre todo, simboliza poder. Este poder percibido ha sido utilizado para dañar a otros de muchas maneras. Este antiguo sistema está en proceso de desmantelamiento debido a que el mundo ha comenzado a cambiar. Muchos pueden ver esto con fatalidad y pesimismo, pero es un paso necesario para generar nuevas creencias y darle forma al mundo de una manera nueva. El dinero es simplemente el medio aceptable de intercambio, pero muchos de nosotros tememos tener demasiado dinero porque tememos que la gente nos odie. Usted puede sentirse así. De por sí, el dinero es un dispositivo neutral. Es el valor que la gente le ha puesto lo que lo hace valioso. Muchos han puesto muchas connotaciones sobre el dinero y lo que realmente este significa. En la sociedad de hoy, nosotros utilizamos dinero como forma de intercambio de energía por el uso de productos y servicios. Este sistema fue ideado para que pudiéramos intercambiar bienes y servicios a nivel mundial. Imagínese que no pudiera ir a otro estado o país, por falta de una forma de intercambio por valor. Estaría usted atrapado en el área en la cual nació y tendría mucha dificultad tratando de pasar de un área a otra. El usted empezar a pensar sobre el dinero y lo que el dinero significa para usted, le ayudará a descubrir cuál es su conciencia de riqueza. Usted desarrolla una conciencia de riqueza de manera similar a cómo desarrolla sus otros sistemas de creencias. Puede que le dé un mayor valor al dinero de lo que se merece, o puede darle un menor valor.

En esta introducción a la conciencia de riqueza, le guiaré por medio de varios ejercicios para que pueda comenzar a tener una relación más saludable con el dinero. Estos métodos han funcionado para mí y para miles de personas a las cuales les he enseñado. Es mi más profundo deseo que le ayuden a comenzar a crear más dinero, libertad y alegría con facilidad. Este libro no pretende ser el único libro que usted lea sobre cómo crear más dinero en su vida. Es complementario a otros estudios, y se puede usar junto con sus propias ideas sobre el dinero. No es, de ninguna manera, un libro "todo-en-uno". Hay tantos buenos libros escritos sobre dinero, que podría crear una biblioteca. Mi historia del dinero fue creada por las experiencias que he tenido desde que era una infante.

Capítulo 9: Mi Historia De Dinero

Poco antes de cumplir los tres años, mi media hermana, Vicky, se ahogó mientras llenaba pistolas de agua en un río congelado. Nuestro padre era un alcohólico agresivo. Después de esta tragedia, no pudo soportar el dolor que sentía y se convirtió en un hombre indignado y furioso. Su sufrimiento fue tan grande, que arremetió contra mi madre; finalmente, comenzó a arremeter contra mi hermana y yo. Mi madre no tuvo otra opción; ella solicitó el divorcio. Esto la dejó con poco dinero para criar a dos niñas pequeñas. Ella no tenía habilidades, educación ni los medios. Mi madre trabajó día y noche tratando de hacer alcanzar el dinero. Esto comenzó a formar mi historia de dinero: tienes que trabajar muy duro y largas horas para ganar lo suficiente para sobrevivir. Mi familia recibió asistencia del gobierno la gran parte de mi vida. Yo estoy agradecida de que nunca estuvimos sin hogar ni sin algún tipo de comida. Mi madre creía que no podía ganarse la vida sin graduarse de la escuela secundaria o sin tener una educación universitaria. Incluso después de que obtener un certificado de nuestra universidad comunitaria local, ella logró ganar más de $24,000 al año una sola vez. Éramos tan pobres, que tuvo que hacer mi ropa a mano, ya que la tela era más barata que comprar ropa en la tienda. Recuerdo lo avergonzada que me sentía de no tener blue jeans (pantalones vaqueros/mahones) cuando todos los usaban. Empecé a laborar trabajos esporádicos cuando tenía nueve años. Las únicas conversaciones que tuvimos sobre el dinero fueron a cerca de que no teníamos suficiente o que no podíamos pagar lo que queríamos.

Estudios han demostrado que a las mujeres les preocupa que el hablar de dinero las haga vulnerable, haga que alguien se sienta mal o sienten que están cruzando un límite social. Puede que usted se sienta vulnerable ahora mismo. Esta vulnerabilidad es parte de su historia de dinero. A pesar de que el 92% de las mujeres que participaron en estos estudios querían aprender más sobre el dinero, el 80% se abstuvo de hablar de dinero, incluso con su familia. Este fue el caso con nuestra familia. Esto alimenta el miedo que las mujeres tienen en cuanto a sus propios futuros financieros. Puede ser usted una mujer que teme hablar de dinero y su futuro financiero. Esta historia de dinero le impedirá alcanzar las alturas de la verdadera libertad y la verdadera alegría en su vida. Puede prevenir que obtenga el éxito que tanto desea.

Las experiencias de mi infancia crearon estas historias de dinero para mí:

~ El dinero es difícil de conseguir.
~ Tienes que trabajar duro.
~ No puedes disfrutar de tiempo con tu familia, porque tienes que trabajar para pagar las deudas.
~ Tienes que renunciar a las cosas que deseas, solo para sobrevivir.
~ Es mejor que ganes mucho dinero si quieres "eso".
~ No sueñes demasiado grande, ya que serás decepcionado.
~ Mejor obtenerlo ahora, porque los precios están subiendo.
~ Los ricos tuvieron que estafar a alguien para ganar su dinero.
~ Solo las grandes corporaciones tienen dinero, y es un mundo despiadado.

~ Si no obtienes una educación superior, no ganarás dinero.

~ La universidad es para gente rica.

Su historia de dinero

Usted puede tener historias de dinero similares a las mías. Estas historias de dinero afectan directamente su conciencia de riqueza. Puede tener historias que son más restrictivas. Vamos a descubrir cuáles son sus historias de dinero, para que pueda transformarlas de las que le impide tener éxito a las que le dan poder.

Necesitará paz, tranquilidad y silencio para este ejercicio. Lo mejor es estar en un área donde nadie le moleste; ponga su teléfono en modo de silencio en otra habitación.

Ejercicio: Ejercicio de la Historia de Dinero

Agarre su diario y algunos lapiceros de diferentes colores. Responda a las siguientes preguntas. No dedique mucho tiempo sobre-analizando las respuestas. Escriba lo primero que se le venga a la mente después de leer la pregunta. Escriba esto, incluso si le parece no tener sentido:

~ Cuando estaba creciendo, ¿qué lecciones aprendió de su Madre sobre el dinero?

~ ¿Qué tipo de experiencias tuvo ella y qué opciones tomó?

~ ¿Cuál fue su percepción sobre el dinero y cómo ella manejó o no su percepción?

Respire profundamente varias veces antes de contestar la siguiente serie de preguntas.

~ Cuando estaba creciendo, ¿qué lecciones aprendió de su Padre sobre el dinero?

~ ¿Qué experiencias tuvo él y qué elecciones tomó?

~ ¿Cuál era su percepción del dinero y cómo el manejó o no dicha percepción?

~ ¿Hablaban o discutían sus padres o tutores sobre dinero cuando estaba usted presente? Si fue así, ¿Qué cree usted haber escuchado y cómo lo entendió?

~ ¿Cuáles fueron los comentarios, creencias y mensajes que recibió de sus otros parientes? Tías, tíos, abuelos, etc.

Mire lo que acaba de escribir sobre el dinero. Analice cómo hablaron de él, lo manejaron, etcétera. ¿Cómo siente que esto ha afectado su propia historia de dinero? ¿Hubo otras experiencias que tuvo cuando era niño que involucraron dinero? Anote las respuestas en su diario.

Según su ejercicio de la Historia de Dinero, ¿cuál cree usted que es su historia de dinero actual? ¿Tiene una mejor o peor que sus padres? Ahora que usted tiene una idea de lo que es su historia de dinero, ¿está dispuesto a cambiarla a una que es de más empoderamiento para usted? Incluso, si tiene una buena historia del dinero, ¿le gustaría tener una mejor?

Sean cuales sean sus respuestas, puede comenzar este proceso escribiendo: *"¡Sí quiero tener m*ás dinero, riqueza y prosperidad en mi vida!»* en su diario.

Entendiendo su relación con el dinero

Cuando usted entiende sus percepciones sobre su historia de dinero, puede comprender el tipo de relación que tiene con el dinero. Entendiendo es el punto de partida para mejorar su vida y sus finanzas. Muchas de las preguntas en este libro están destinadas a desencadenar una respuesta en su mente, lo que comienza a permitirle a modificar una creencia negativa sobre el dinero en un sentimiento positivo sobre el dinero. Cuando nosotros tenemos expectativas o sentimientos positivos sobre el dinero, podemos crear más en nuestras vidas. A medida que avance por el resto de este libro, mantenga su diario cerca para que pueda anotar respuestas y notas.

Tómese un momento, cierre los ojos y respire profundamente. Preste atención e identifique en que parte de su cuerpo tiene un problema de dinero o historia. Sienta si hay alguna sensación de hormigueo, dolor o molestia. Después de que los encuentre, comience a respirar más profundamente en cada área de su cuerpo que ha sido afectada. ¿Siente usted que ha estado herido por el dinero o el mal uso del dinero? Continúe respirando más profundamente en esta área y esté dispuesto a perdonar al dinero por esa herida. En realidad, no fue el dinero en sí lo que creó este daño; fue alguna compañía u otra persona quien le hizo sentir de esta manera. Permítase a tener sentimientos intensos, si lo necesita, pero siga volviendo a perdonar la energía y la moneda del dinero. Usted no tiene que perdonar a la persona en este momento. Puede que surjan intensos sentimientos. Quédese con ellos y profundice. Imagine que estos sentimientos intensos son pequeñas burbujas que salen de debajo del agua a la superficie y estallan cuando golpean el aire.

Abra su diario y escriba a cerca de sus experiencias. Hágase estas preguntas y anote las respuestas:

~ ¿Crearon estas experiencias una sensación de ansiedad en torno al dinero?
~ ¿Han afectado estas experiencias la forma en la que usted administra el dinero?
~ ¿Impactan negativamente otras relaciones?

Antes de tomar una decisión rápida, pregúntele a su cuerpo si está usted *abierto a recibir más dinero, riqueza y abundancia en su vida. Sienta la respuesta. Nuestras mentes siempre dicen un rápido "sí", pero profundizando descubrirá la verdad que está almacenada en su cuerpo.*

Para estar libre a recibir dinero en su vida, usted debe estar dispuesto a recibirlo. Para saber qué tan bien recibe, cierre los ojos e imagine uno de sus mejores amigos dándole un regalo muy caro que no estaba esperando. ¿Cómo le hace sentir eso? ¿Está feliz? ¿Se pregunta cómo su amigo pudo pagar ese regalo? ¿Siente que no se lo merece?

Ahora imagine que es usted ese amigo y que ha comprado un regalo increíble para uno de sus amigos. Imagine estar envolviendo ese regalo en el papel más hermoso que pudo encontrar; se ve perfecto en todos los aspectos. ¿Cómo se siente cuando le da ese regalo a su amigo? ¿Se siente diferente cuando lo da en comparación a cuando lo recibe? Si usted siente que es mejor dar que recibir, esto afecta directamente su historia de dinero.

Si este ejercicio del regalo le causó pensamientos o sentimientos negativos, o si tiene una historia de dinero previa, usted puede haber creado en su mente y en su vida un monstruo del dinero o "boogieman" (el monstruo de su niñez: el Coco/Cuco/Ogro). Vivir con estas criaturas al acecho en nuestra mente subconsciente es como caminar en un campo de minas terrestres. Nunca se sabe que desencadenará una respuesta que lo lleve a tomar decisiones basadas en lo emocional, las cuales destruirán su potencial financiero. Usted también pierde libertades y esto drena toda la alegría de su vida. Es posible que esté viviendo con reglas anticuadas de la sociedad. Esto le provoca ser reservado y refrenado; le impide expresarse libremente. Pero existe la esperanza, y puede cambiar esto comenzando hoy.

Capítulo 10: ¿Qué Es Un "Boogieman" De Dinero?

Cuando piensa en el dinero y su relación actual con el dinero, ¿siente como si el dinero fuera un monstruo al que ama odiar? Entiendo completamente. Crecí con miedo al dinero, porque era lo que "esas" personas usaban contra la gente pobre como yo. Siempre sentí que había algún tipo de división entre ellos y yo. Esta mentalidad de "nosotros contra ellos" es muy destructiva. Creencias como esta dañan y distorsionan nuestro punto de vista con respecto a lo que realmente es el dinero. Usted puede estar confundiendo las acciones de las personas en torno al dinero por lo que es el dinero. Esto le hace ver al dinero como el villano, el monstruo, o lo que yo me refiero como "su boogieman de dinero". Puede que usted tenga buenos sentimientos y relaciones con respecto al dinero. Puede sentir que no tiene ningún boogieman de dinero en su mente. Pero quédese conmigo y complete el siguiente ejercicio. Este cubre otra área que podría resolver/cerrar de una vez por todas.

Destruyendo el Boogieman de Dinero

Para realmente deshacerse del boogieman de dinero y las historias de dinero que ha creado desde que era usted un niño, necesita tomarse un tiempo para estar solo. Puede hacer esto con su pareja, si lo desea, pero les recomiendo que lo hagan individualmente primero. Puede planear hacer esto por segunda vez con su pareja aproximadamente un mes después de que cada uno de ustedes haya completado su primera ronda, individualmente.

Asegúrese de estar en un lugar seguro donde nadie le moleste. Decida y planee este ejercicio para cuando pueda estar solo. Si tiene mascotas, asegúrese de que estén en un lugar seguro donde no puedan saltar sobre usted o arañar la puerta. Si usted tiene hijos, haga arreglos para que estén en otro lugar por un par de horas. Deje la ropa y los platos para después. Este no va a ser el momento para hacer varias cosas a la vez. Apague su celular. Si va a estar al aire libre, hágalo en un lugar donde pueda estar solo y en un área donde puede hacer una pequeña fogata por unos minutos. Nada arruina este ejercicio de desprendimiento más rápido que un intruso se entrometa en su espacio y le interrumpa con preguntas o burlas. Mientras se prepara para esto, asegúrese de llevarlo a cabo de principio a fin. Si obtiene los suministros, pero luego espera por el momento perfecto, nunca sucederá. Tiene que programar esto para hacerlo realidad.

Puede sonar ridículo. Admito que la primera vez que hice el mío, estaba más que escéptica. Pero estaba experimentando tanto sufrimiento, que estaba dispuesta a suspender mis entrenamientos anteriores y actitud de sabelotodo. Claramente no lo sabía todo, o no hubiera estado en las circunstancias en las que estaba. Espero que no esté en el dolor y el sufrimiento en el que estaba yo, pero si lo está, esto funcionará mejor. Este es el comienzo de su reclamo sobre su vida y sus finanzas, sin importar cuán ridículo pueda parecerle al principio.

Suministros que necesitará:

~ Un marcador negro de punta ancha.
~ Una caja de crayones o plumas y lápices de colores múltiples. Cualquier cantidad de colores funcionará, incluso si solo tiene unos pocos.
~ Papel blanco en blanco. Papel de copia o papel de impresora funciona bien.
~ Una chimenea o contenedor a prueba de fuego que se encuentre en un área segura.
~ Un encendedor largo o cerillas largas. Los encendedores de barbacoa/parrillada funcionan bien.

Este es su momento, y es importante que atraviese este proceso hasta su finalización, o puede sentirse inconcluso. O peor aún, su boogieman de dinero regresará para vengarse y le tomará por sorpresa.

Ahora cierre los ojos y respire profundamente. Prepárese a ser lo más totalmente honesto consigo mismo que pueda en este momento. Después de abrir los ojos, piense en todas las formas en las cuales se ha sentido abandonado por el dinero. Piense en todas las instancias en las que otras personas han usado dinero en su contra. Piense en todos los juguetes que nunca recibió en Navidad. Piense en cómo tantas personas en su vida han tenido disputas por dinero. O estaban tan enojados que se callaron e lo ignoraron cuando les hacía preguntas. Sienta las emociones que tubo cuando le dijeron NO una y otra vez; cuando estaba en la tienda o en cualquier otro lugar donde no pudo obtener lo que quería. Ahora tome el papel y un lápiz, crayón o pluma de color y comience a escribir cómo esto le hizo sentir. No tiene que escribir oraciones correctas. Puede utilizar palabras, símbolos, caras tristes o garabatear en la página. Piense en cuán enojado está por no tener el dinero que quiere para vivir su vida de la manera que quiere vivirla. Garabatee, escriba y dibuje un poco más. Sáquele provecho a este ejercicio y utilice diferentes colores para expresarse como lo desee. Si tiene que levantarse y pisotear, saltar o gritar, hágalo. Vuelva al papel cuando haya terminado, tome otro color y continúe. Imagínese que está poniendo todos sus sentimientos heridos, sus lágrimas, sus miedos y su furia en los diferentes colores sobre este papel.

Esta no será una imagen bonita. Esta imagen representa todas las veces que tuvo que decir NO porque no tenía dinero. Todas las noches que lloró antes de dormir, preocupado por pagar sus cuentas. Se trata de expresar la vergüenza que sintió cuando no podía permitirse el lujo de comprar obsequios o el tipo de obsequios que deseaba para su familia. Ponga todas las veces que se sintió incómodo, avergonzado, menospreciado y ansioso por causa de dinero en este papel.

Sea firme, dramático y errático con cada trazo de color en el papel. Deje salir todo el caos fuera de su mente y de su cuerpo, y póngalo en este papel. Si necesita usar el reverso, hágalo. Si necesita usar más hojas, hágalo.

Haga lo que tenga que hacer para poner todas las dificultades que ha enfrentado en este papel.

Piense en cómo otros lo trataron cuando usted creía que no tenía suficiente dinero. Piense en los tiempos que ha tenido que utilizar ropa interior raída o parches en su ropa. Considere poner en este papel todas las veces que se escuchó a sí mismo o escuchó a sus padres decir: "Me encantaría, pero no puedo pagarlo.", "No tenemos el dinero para eso", o "¡Usted está loco por querer eso!". Piense en las veces que le dijeron que usted no podía hacer dinero en algo (idea, negocio, producto, servicio, etc.).

Sigua garabateando hasta que ya no pueda pensar en ninguna otra instancia en la cual se quedó en trabajos que odiaba o trabajaba por bajos salarios con jefes abusivos. Piense en todas las cosas que ha hecho solo para sobrevivir, mientras veía a otros viviendo la vida que usted deseaba.

Siéntase libre de hablarle al papel como si estuviera hablando con el espíritu del dinero. Dese una voz sobre el dinero, y dígale todo lo que siempre quiso decirle.

Puedes decir cosas como:

~ "¡Me sentí realmente herido cuando me abandonaste!"
~ "¡Estoy enojado porque me traicionaste!"
~ "¡Eres un sinvergüenza! ¡Odio la forma en que me hiciste sentir y me voy a deshacer de ti hoy!"

A medida que coloree en la página, manifieste toda su ira y rabia. Deje que todo fluya y haga un desastre en el papel. Cuando finalmente haya dejado escapar la última gota de su ira, usted comenzará a sentir un efecto calmante en su interior. Puede que se sienta un poco cansado o totalmente energizado.

Cuando esté completamente satisfecho con el papel y sienta que toda sus iras, frustraciones, soledad, daños y dolor lo han abandonado, tome el marcador negro y coloque una "X" de esquina a esquina sobre el papel.

Al poner esta "X" en el papel - **diga con firmeza, valentía y autoridad**:

~ "¡Cancelo toda deuda! y ¡Borro toda la pobreza!"
~ "¡Demuelo todos los sentimientos de dolor y destruyo a este boogieman de una vez por todas!"
~ "¡Ya no tienes posesión de mi mente o mis asuntos!"

* Siéntase libre de decir cualquier otra cosa que quiera decir.

Ahora, rompa ese papel con vigor en pedazos pequeños y póngalos en la chimenea abierta o en su cubo a prueba de fuego. Si estás dentro de la casa y usando un cubo, vaya afuera antes de prenderle fuego.

Préndale fuego a los pedazos de papel y diga:

~ "Renuncio a toda escasez en mí y la vida de los míos, hoy."
~ "Quemo toda la pobreza y no dejo residuos."
~ "A la falta de dinero, hoy me despido de usted."
~ "Se ha ido para siempre mi conflicto y ahora cancelo toda lucha."
~ "¡No soportaré más dificultades!"
~ "Renuncio a la pobreza, falta y escasez una vez más".
~ "¡Aléjate de mi vida ahora y para siempre!"

* Agregue cualquier otra oración que desee.

La declaración más importante es renunciar a la falta, escasez y pobreza en su vida. Después de que las cenizas se hayan enfriado y sea seguro tocarlas, puede dispersarlas a los vientos, enterrarlas o echarlas en un río. Si ninguno de estos es una opción o usó una chimenea, coloque las cenizas en una bolsa de basura y bótelas afuera.

Está haciendo esto de una manera física, porque su mente subconsciente utiliza símbolos y simbolismo como manera de comunicación. Las palabras son traducidas normalmente por la mente consciente. Tomar acciones físicas refuerza su decisión de dejar de sufrir financieramente desde este momento en adelante. Le muestra a su ser interior que usted realmente va en serio.

Qué hacer si el Boogieman de dinero intenta regresar

Como con todos los malos romances, a veces el boogieman de dinero intenta regresar a su vida. Usted se dará cuenta al notar pequeñas señales aquí y allá. Comienza a preocuparse por el dinero otra vez. Es posible que se preocupe al comprar artículos básicos, como alimentos, o al pagar sus gastos de manutención. A veces es más sutil; se da cuenta de que se siente incómodo aceptando regalos. Puede comenzar a pensar: "Me encantaría tener eso, pero no puedo pagarlo". (En ese caso, dígase a sí mismo: "Eso sería bueno, pero he asignado mis finanzas a otra cosa en este momento".)

Entonces, ¿qué hace si el boogieman de dinero intenta regresar? Ciertamente no querrá que la conciencia de la pobreza regrese a su vida... El siguiente ejercicio funciona de maravilla cada vez; todo el tiempo. Comience sentándose en silencio por unos minutos y visualice su boogieman de dinero como una criatura de aspecto asqueroso. Mírelo directamente a sus pequeños ojos y acérquelo para que estén casi nariz con nariz. Sienta como usted toma el control total de la situación. Si necesita imaginarse a sí mismo creciendo a tres metros de altura, teniendo que inclinarse para mirarlo directamente a los ojos, hágalo. Inhale larga y profundamente. Ahora, con toda potestad, imagine que exhala aliento de fuego (como un dragón) sobre esta criatura, haciéndola encoger.

Con cada respiración que exhale, vea como la criatura se encoge más y más, hasta que está de una pulgada o dos de altura. Ríase mientras se inclina, la toma y la coloca en la palma de su mano. Mantenga su mano a la altura de su boca y dele un buen soplo fuerte. Imagine que la envía volando en órbita, más allá de los cielos, al espacio exterior. Si quiere ser creativo, puede imagínala siendo tragada por un agujero negro. Afirme fuerte y con decisión: "¡Ahora te ordeno que entres en órbita en paz y que nunca más vuelvas aquí! ¡Renuncio a toda pobreza y escasez en mi vida ahora y para siempre!"

Capítulo 11: Construyendo Una Conciencia De Riqueza

Ahora que sabe cuál era su conciencia de riqueza en torno al dinero mientras estaba creciendo y ha destruido su boogieman de dinero, es hora de cerrar la distancia emocional entre las profundas creencias en su ser respecto al dinero, basadas en las historias con las que creció, y hacia dónde quiere ir ahora.

Haga una búsqueda de imágenes en Internet que representen una sobreabundancia de dinero o riqueza financiera. Mire estas fotos y anote cómo se siente acerca de ellas. Si se siente molesto, se avergüenza o todavía se siente algo ofendido, regrese a la sección anterior de "Destruyendo el Boogieman de Dinero", anote estos sentimientos y siga los pasos del ejercicio otra vez. A partir de ahí, pídale al dinero que lo perdone y perdónese a usted mismo por todas las formas en las que solía impedirle que fluyera hacia usted. Luego siga el proceso rápido de cinco pasos que compartiré con usted a continuación. Escríbalos y póngalos en una pared donde pueda leerlos a menudo.

Al seguir este proceso rápido de cinco pasos una y otra vez, construirá una conciencia de riqueza:

88

Paso 1: Tome una decisión firme y diga con decisión: "¡Estoy listo para salir de la isla de la escasez ahora mismo!" Repita esto cada vez que lo sorprenda una mentalidad de pobreza y falta. Esto no significa que salga y compre lo que quiera. Eso significa que tome mejores decisiones financieras y elija administrar su dinero. Esta decisión se volverá automática con el pasar del tiempo.

Paso 2: Debe estar dispuesto a crear un nuevo modelo con respecto a sus creencias sobre el dinero. Haga esta decisión definitiva y firmemente. Puede que deba recordarse a sí mismo que este nuevo paradigma es su nuevo yo, y que su antiguo ser es el que fue carente. Reafirme esto cada vez que sienta la energía de la falta en su vida o se sienta temeroso sobre el dinero y las finanzas.

Paso 3: Anuncie firmemente al Universo que ahora está disponible para experimentar riquezas más allá de sus sueños más descabellados, una salud fabulosa, libertades, verdades y más alegría de la que jamás haya experimentado. Indique que está listo, dispuesto, capaz y completamente disponible para recibir dinero.

Paso 4: Tome interés en sus finanzas. Necesita saber dónde se encuentra antes de poder saber si está progresando. Cree un sistema de flujo de dinero que muestre a donde va su flujo de dinero. Hágalo fácil al principio, siguiendo y llevando cuentas de todo el dinero recibido y el dinero enviado (gastado).

Paso 5: Lo que usted bendice, usted lo manifiesta. Bendiga todo el dinero que entra y sale. Bendiga todo lo bueno en su vida. Toque el dinero y los cheques que entran y los que usted mande. Mire sus cuentas bancarias y bendiga las cantidades para que crezcan y se multipliquen. Bendiga cada moneda y cada dólar que tenga, física y electrónicamente.

Ahora, vamos a crear el tipo de futuro que usted realmente desea.

Tome su diario y, con un nuevo comienzo en mente, escriba todos los sentimientos que quiere sentir con respecto al dinero a partir de este momento. Por ejemplo, he escrito estos para usted:

~ Amo mi nueva vida.
~ Mi riqueza de dinero surge de todo lo que me rodea y llena mi vida de libertad, alegría y flujo de dinero.
~ El dinero ahora me apoya a mí y mi misión de empoderar a las mujeres para que se vuelvan financieramente independientes.
~ ¡Estoy tan agradecido por mi dinero hoy!
~ Yo bendigo mi dinero todos los días.
~ Me encanta cantar y bailar con mi dinero.
~ Estoy agradecido de que el dinero llegue a mí en cantidades cada vez mayores, por lo que tengo dinero para sustentar, gastar y ahorrar.
~ Cualesquiera que sean mis necesidades, el dinero está ahí para mí.

Al escribir sus nuevas creencias sobre el dinero, exprese su nueva actitud hacia el dinero. ¿Cómo percibe el dinero y su conciencia de riqueza ahora? ¿Estimularon una nueva serie de mantras monetarias o afirmaciones que le gustaría empezar a utilizar?

Decida hoy que comenzará a preocuparse por su propio dinero, a atender su jardín mental de dinero y a tratarse a sí mismo bien, haciendo actos de bondad al azar. Prepárese para cualquier desliz, para que inmediatamente pueda "cortarlo de raíz". Escriba por lo menos cinco cosas que puede hacer, las cuales le harán comenzar a creer de nuevo en su flujo de dinero.

Para crear un flujo de dinero duradero, es importante que usted tenga una visión del suyo. Tome su diario y escriba al menos cien maneras diferentes explicando cómo le gustaría utilizar el dinero.

Pueden ser prácticas, divertidas, tontas, alegres, aventureras o creativas. Elija lo que quiera. Si el dinero nunca hubiera sido ni fuera un problema, ¿qué tan exótico se pondría? No le ponga ningún límite a esto. Si se bloquea, tómese un descanso y vuelva a seguir más tarde. Esto le ayudará a sacarle provecho a la abundancia. Puede seguir escribiendo sus ideas de flujo de dinero a lo largo de un año, si lo desea. A mí me gusta mantener el mío conmigo y añadirle más maneras a la lista. Tacho las que han ocurrido, algunas de las cuales no esperaba. Por ejemplo, fui llevada a México de gratis para un retiro de diez días que incluía todas mis comidas. Algunos de mis clientes han disfrutado de vacaciones enteras sin gastar un centavo. Cuanto más abra su mente a más conciencia de riqueza, usted experimentará más milagros y magia en su vida. Regrese y revise su diario al menos una vez a la semana durante unos meses. Luego puede revisarlo una vez al mes si lo deseas. Agréguele todas las formas en que le gustaría que el dinero lo empodere. Llame al dinero a su vida y afirme que está disponible para recibir abundancia en todas formas. Cuando encuentre monedas, siempre recójalas y agradezca al Universo por darle señales de que hay mucho más en camino. Al celebrar las cosas pequeñas, usted las desarrolla en su propio imperio personal.

Finalmente, para anclarse en su nueva conciencia de riqueza y crear una nueva creencia en torno al dinero, tome un poco de dinero y examínelo. Sienta su textura; note cómo se siente en sus manos. Use billetes nuevos si es posible y huela la tinta fresca. Cierre los ojos y use sus otros sentidos para sentirlo, olerlo y tocarlo. Háblele como le hablaría a un amigo cercano. Trátelo bien y coloque uno en el espejo de su baño, donde pueda mirarlo y tocarlo todos los días. Al saber más sobre el dinero y todas sus facetas, comenzará a vibrar su propia vibra de dinero. Recuerde: al dinero le encanta la circulación, así que cambie su billete en el espejo cada mes o dos. El dinero representa dar y recibir. Es su experiencia personal con el dinero lo que hace que la relación sea feliz, o no. Decida usted cuál elige. Y cuando comparta su dinero, por ejemplo cuando da una propina o le invita a comer a alguien, bendiga ese dinero para que se multiplique por el regalo, para quien lo da y para quien lo recibe.

Y Ahora: ¿Qué Sigue?

Crear manifestaciones mágicas de dinero es el comienzo de su nuevo y prospero futuro. Leyendo este libro, usted ha comenzado a activar sus códigos de riqueza. Usted comenzará a ver el mundo de una forma diferente, a partir de ahora; tendrá mayores momentos de libertad y alegría, mientras aumenta su flujo de dinero. Cuando usted ve el dinero como un medio para un intercambio de energía, puede ser más amigable consigo mismo y con el dinero. Atrape y transforme cualquier historia de dinero que lo este bloqueando, y podrá aprovechar plenamente su potencial de riqueza. El Universo es un lugar siempre abundante. Nunca ha habido un momento en la historia donde una sola persona pueda crear un movimiento de dinero masivo. Hoy en día, hay más formas de ganar dinero con más facilidad y más gracia que nunca.

Utilice este libro como lo necesite. Puede usarlo como un libro de referencia. Puede hacerlo suyo usando marcadores, notas post-it y resaltadores fluorescentes. A medida que usted vuelva a leer secciones de este libro, notará diferentes palabras y detalles que no había notado antes. Esto se debe a que, cuando despierta su verdadero potencial de riqueza, reconoce las cosas que le fueron ocultadas previamente. Releyendo y rehaciendo los ejercicios en este libro unos meses después, le rendirán incluso resultados más potentes.

Aunque haya terminado de leer este libro, nuestro recorrido puede continuar. Al procesar las ideas en este libro, usted se siente más atraído a convertirse en un imán de dinero. Cuanto más integra los procesos en este libro, más dinero, libertad y alegría tendrá en su vida.

Lo Que Otras Personas Están Diciendo Sobre Luci

"Luci me ayudó a estar más clara y me enseñó cómo permitir que todo se desarrolle grácilmente. Ella me llevó paso a paso, así que nunca me sentí abrumada por el proceso. Su proceso me ayudó a ser mucho más fuerte y más clara en respecto a mi propósito en la vida. Yo diría que Luci es increíble porque realmente te ve como quién eres en realidad y más allá. Ella puede ver quién eres en realidad y sacarlo a la superficie en un entorno amoroso y seguro; no hay juicio o culpa, solo amor y compasión. Luci es el mentor perfecto. Su solución exclusiva es increíble porque no era invasiva o débil; era poderoso y al mismo tiempo calmante y sutil. Ella es como Gandalf con guantes de seda. En resumen, mi experiencia fue intensa y al mismo tiempo sutil y profunda; es como llegar a todos los ángulos del alma y curarlos uno por uno. Ahora estoy aprendiendo cómo usar mi magia interior, y cómo expandirme espiritualmente. ~ Roni Diaz

"Cuando estoy hablando con Luci, siento que el Universo me está hablando a través de ella. Ella es capaz de extraer de mí lo que realmente me ilumina. Exploramos esto, ¡y ella tiene un oído para sacar las palabras precisas que me permiten articular con precisión cómo siento y cómo puedo usar esto para mi redacción publicitaria! ¡Además de cómo obtener fabulosos testimonios también! Luci cambia el juego; ella me guía para saber cuál es mi próximo paso hacia el éxito. El siguiente paso proviene de un lugar interior más profundo dentro de mí. Después de cada llamada siento que ella me ha ayudado a construir una fortaleza interior, y siempre siento que tengo la fe de que puedo hacerlo." ~ Joia Jitahidi

"Antes de tener una Oración de Bendición y una sesión de entrenamiento con Luci, había estado experimentando una gran cantidad de miedo a hacer mi primer retiro. Yo había contactado a mi familia, amigos y entrenadores; todos eran alentadores; sin embargo el temor se mantuvo. Después de tener esta sesión con Luci, el miedo disminuyó y comencé a esperar con ansias mi retiro. En verdad, no sabía exactamente cómo describir esta sesión, solo que había cosas que Luci sabía que no había compartido en las llamadas telefónicas (ejemplos - que mis rodillas se bloquean a menudo y que agarro con los dedos de los pies), que después de la sesión, mi miedo había disminuido, y que en general me sentía más ligera y más energizada. Después de mi retiro, inscribí al único miembro del retiro que no estaba en mi programa. Tan asustada como estaba por mi retiro, lo que descubrí fue que era tan fácil como respirar. Cada participante obtuvo de la experiencia todo lo que tenía la intención de que ellos recibieran y más." ~ Audrey Pyon

"Luci no tenía miedo de lidiar con problemas fuertes. Los problemas de dinero generalmente están vinculados a eventos problemáticos o traumáticos de nuestro pasado y es como si Luci supiera qué decir. También aprecio que ella nunca se dio por vencida conmigo, incluso cuando yo quería [darme por vencida]. Ella combinó la limpieza de karma con consejos prácticos y comprobados. Y ella es muy directa al expresar la importancia de tu trabajo espiritual, en conjunto con el lado práctico.

Conclusión: Si sientes que estás atrapado en un atolladero financiero, ¡llama a Luci ahora! Su método para ayudar a las personas con avances monetarios es legítimo. Fui de prácticamente a estar tirando mi dinero a estar en el flujo. Ahora sé mi propósito de vida, tengo personas que se me acercan para que hable en eventos, acabo de publicar un libro, y me siento muy bendecido de estar donde estoy. Gracias Luci por creer en mí, incluso cuando no podía." ~ Earl J. Katigbak

Publicado en Facebook por Cindia:

"Bien, ¡eso fue divertido! Amo mi trabajo por muchos motivos, y uno de los mejores es por cómo me conecta con personas realmente fascinantes a diario, y hoy no fue una excepción. Estaba en mi primera conversación con Luci McMonagle, y ella dijo que las personas ganan dinero cuando hablan con ella. Me gustó esa idea, y no quiero decir que estaba escéptica, ¡pero había una parte de mí esperaba que fuera CIERTO! ¿Adivina qué? En medio de la conversación, [mi] novio entra a la habitación y pone nuestro título de la van [vehículo] delante de mí con un bolígrafo para que lo firme. El acababa de ponerla a la venta, y un señor se detuvo, la miró y tenía dinero en efectivo en el bolsillo. Trato hecho. Entonces sí, mientras estaba hablando con ella, entró dinero".

Este es un correo electrónico que recibí de Grace:

"Luci, quería compartir esto contigo... la semana pasada tuve un evento que hacer. Le [dije] al Universo que quería abundancia en torno a este evento. Yo dije: 'Yo estoy abierta a toda la abundancia que el Universo tiene para mí. Doy la bienvenida a la abundancia con los brazos abiertos en señal de gratitud y ALEGRÍA.' ¡Funcionó! La señora que me estaba pagando no solo me pagó por el evento pero [también] me dio tres veces más de lo que pedí [por el evento]. Sí, tres veces. ¡Gratitud! ¡ALEGRÍA! ¡Abundancia!"

Abundantes bendiciones,

Luci McMonagle

www.ingramcontent.com/pod-product-compliance
Lightning Source LLC
Chambersburg PA
CBHW072045040426
42447CB00012BB/3019